Jürgen Nolte

WIR
vom Jahrgang
1936
Kindheit und Jugend

Wartberg Verlag

Impressum

Bildnachweis:

S. 6, 11, 23: Redaktionsbüro Dr. Christian Zentner, Wolfsburg; S. 8 u., 16 u.: Heinz Röhnert, Berlin; S. 10: Scherl Bilderdienst, Berlin; S. 14 u., 47 re.: CORBIS; S. 16 o., 24 o., 25, 27: Archiv Janusz Piekalkiewicz; S. 13, 45 li.: Haagen Kraak, Gütersloh; S. 19, 52 re.: ullstein bild; S. 20: Franz Kopp, Merzhausen; S. 21, 28, 39 u., 54: Institut für Stadtgeschichte, Frankfurt M.; S. 24 u.: Sudetendeutsches Archiv München; S. 26: Stadtarchiv Kassel; S. 29, 33 li.: Keystone Pressedienst Hamburg; S. 31, 33 re.: Georg Schmidt, Bremen; S. 32: Denkmalschutzamt Hamburg; S. 35: Stadtarchiv Düsseldorf; S. 36: Siegfried Holler, Dillenburg; S. 37: Jürgen Thomas, Bienenbüttel; S. 39: UPI; S. 40, 41, 58: Archiv Gustav Hildebrand; S: 44: unbekannt; S. 45 re.: Helma Langhans, Dietzhölztal; S. 49: Presse-Bild Poss, Siegsdorf; S. 50: Georg Eurich, Lauterbach; S. 53: Karl Stehle, München; S. 55 li.: Stadtarchiv Heidelberg; S. 55 re.: HNA-Archiv; S. 57: Heinrich Fischer, Ober-Rammstatt; S. 61 li.: Willi Maguhn, Ahnatal; S. 62: Winfried Bieber, Melbeck; Alle übrigen Bilder: Archiv Jürgen Nolte

Weitere Bilder wurden folgenden Publikationen entnommen:

S. 42, 43, 51, 52 li.: Das JahrHundertBuch, ADAC/Bertelsmann, S. 612, 605, 638, 641.
S. 60: Der unschlagbare Klassiker, HAMA-Verlag, S. 94.

Wir danken allen Lizenzträgern für die freundliche Abdruckgenehmigung.
In Fällen, in denen es nicht gelang, Rechtsinhaber an Abbildungen zu ermitteln,
bleiben Honoraransprüche gewahrt.

3. Auflage 2006
Alle Rechte vorbehalten, auch die des auszugsweisen
Nachdrucks und der fotomechanischen Wiedergabe.
Gestaltung und Satz: Ravenstein und Partner, Verden
Druck: Hoehl-Druck Medien + Service GmbH, Bad Hersfeld
Buchbinderische Verarbeitung: Buchbinderei Büge, Celle
© Wartberg Verlag GmbH & Co. KG
34281 Gudensberg-Gleichen • Im Wiesental 1
Telefon: 0 56 03/9 30 50 • www.wartberg-verlag.de
ISBN 3-8313-1536-1

VORWORT

Liebe 36er!

Was haben wir alles erlebt – und überlebt! Der Einstieg ins Leben war ja so ganz nett: Als Babys schlummerten wir in tiefwandigen Kinderwagen oder gut gepolsterten Waschkörben, planschten als Kleinkinder in transportablen Zinkwannen und hatten ein überschaubares Angebot an Spielsachen, das nicht zu Übersättigung führte, sondern die Fantasie anregte. Doch dann kam der Zweite Weltkrieg. Wir saßen viele Nächte in den Kellern, wenn es vom Himmel Bomben regnete, und zogen in langen Trecks über vereiste Straßen auf der Flucht vor feindlichen Panzerrudeln.

Wir haben es überstanden, auch die schwere Nachkriegszeit, in der die Menschen hungerten und froren, Kohlen klauten und sich mit einem einzigen Paar Schuhe begnügten. Wir zogen zum Bucheckern-Sammeln in die Wälder und halfen auf dem Lande bei der Erntearbeit. Später, als der wirtschaftliche Aufschwung zu greifen begann, bestaunten wir die neuen Erzeugnisse der Autoindustrie wie den „Borgward Hansa 1500", verfolgten die Erfolgsgeschichte des VW-Käfers und gaben unser Taschengeld für Eishörnchen und Kino-Besuche aus. Zu Rendezvous und Tanzparty erschien man in weißem Hemd mit Schlips, während die jungen Damen uns mit wippenden weiten Kleidern oder Röcken entzückten.

Jahrzehnte sind seitdem vergangen, Jahrzehnte, in denen sich die Welt um uns herum grundlegend verändert hat. Ihre Spaltung in zwei feindliche Machtblöcke mit der permanenten Gefahr eines globalen Atomkrieges wurde überwunden, der europäische Einigungsprozess ist in Gang gekommen, Computer, Gentechnik und Raumfahrt sind zu geläufigen Begriffen geworden.

Die Wurzeln all dieser bedeutsamen Entwicklungen reichen bis in unsere Kinder- und Jugendzeit zurück. Wie war die denn eigentlich damals? Wie hat sich unser Jahrgang in diesen von Krieg und Nachkriegszeit, von wirtschaftlicher Not und Wirtschaftswunder geprägten Jahren zurechtgefunden? Eine Antwort darauf soll mit dem Band „Wir vom Jahrgang 1936" versucht werden.

Jürgen Nolte

Jürgen Nolte

Eintritt in eine Welt voller Hoffnungen

Das 1. bis 3. Lebensjahr

Die Deutschen mit rosaroter Brille

So wie es die Sonne in manchen Jahren besonders gut mit den Weintrauben meint, so schienen auch die äußeren Lebensbedingungen optimal zu sein, als wir, vom Jahrgang 1936, mit dem ersten Schrei die Welt begrüßten. Dieses Jahr würde eines der besten werden, glaubten unsere Eltern, vielversprechend, zukunftsweisend. Triumph Deutschlands bei den Olympischen Sommerspielen in Berlin, eine boomende Wirtschaft, technische Glanzleistungen im Flugzeug- und Automobilbau – die Nation war vor lauter Stolz berauscht und bekam in der Masse gar nicht mit, was die braunen Machthaber an Scheußlichkeiten ausbrüteten oder schon in Gang setzten.

Dass drei Jahre später der schrecklichste aller Kriege ausbrechen würde, ahnten nur wenige. Die Fähigkeit zu kritischem Hinterfragen war damals nicht gerade eine hervorstechende Eigenschaft der Deutschen. Gläubig vertrauten sie ihrem „Führer" Adolf Hitler und wurden in Wahrheit zum Opfer einer menschenverachtenden und zynischen Lügenpropaganda. Von ihm selbst stammt der Satz: „Der Deutsche hat keine blasse Ahnung, wie man das Volk beschwindeln muss, wenn man Massenanhänger haben will." Sein Propagandist Joseph Goebbels formulierte es so: „Propaganda hat mit Wahrheit gar nichts zu tun."

Chronik

24. März 1936

Bei Testfahrten auf dem Autobahnteilstück Frankfurt-Heidelberg stellt der Rennfahrer Hans Stuck fünf Geschwindigkeitsweltrekorde auf, wobei er auf der 100-Kilometer-Distanz 262,4 km/h erreicht. Neben ihm zählen Rudolf Caracciola und Bernd Rosemeyer zu den bekanntesten Rennfahrern. Rosemeyer kommt am 28. Januar 1938 bei einem Rekordversuch ums Leben.

19. Juni 1936

Sensationell schlägt Schwergewichtsboxer Max Schmeling den bis dahin unbesiegten Amerikaner Joe Louis. Der Kampf geht in die Sportgeschichte ein.

25. Oktober 1936

Deutschland und Italien schließen einen geheimen Kooperationsvertrag. Der italienische Diktator Mussolini spricht von der „Achse Berlin-Rom". Einen Monat später folgt ein Pakt Deutschlands mit Japan.

26. April 1937

Deutsche Kampfflugzeuge bombardieren die baskische Stadt Guernica. 1645 Menschen kommen ums Leben. Hitlers „Legion Condor" unterstützte im spanischen Bürgerkrieg die am Ende siegreichen Truppen General Francos gegen Republikaner und internationale Brigaden.

6. Mai 1937

Beim Landemanöver in Lakehurst bei New York stürzt der deutsche Zeppelin LZ 129 „Hindenburg" ab, 36 Menschen sterben. Die Unglücksursache bleibt im Dunkeln. Die glanzvolle Zeit der Zeppeline ist mit der Katastrophe von Lakehurst beendet.

30. Oktober 1938

Eine Radiomeldung über die Landung einer Inversionsarmee vom Mars führt im Osten der USA zu panikartigen Reaktionen, weil nur wenige mitbekommen, dass es sich um ein Hörspiel von Orson Welles handelt.

22. Dezember 1938

Dem Chemiker Otto Hahn gelingt es in Berlin, erstmals Urankerne zu spalten. Damit sind die Grundlagen für die Nutzung der Kernenergie entdeckt.

Solide Kost aus Mutters Küche

Wir 36er waren natürlich erst recht bar jeder Ahnung. Wir waren allesamt kleine Würmer, die unschuldig in die Welt blinzelten, unseren Hang zur Flasche entdeckten und den reichlich dargebotenen Spinat meist nur widerwillig konsumierten. Trotzdem waren wir besser dran als die Winzlinge von heute, denn statt industriell hergestellter Baby-Fertignahrung gab's solide Kost aus Mutters Küche wie Gries- und Gemüsebreichen, Apfelmus und Möhrensaft. Und zur besseren Knochenbildung wurden Tropfen dazugegeben, eine Art Lebertran, und die Milch war mit Tabletten angereichert. Das geschah auf Anraten und Aufforderung der Gesundheitsbehörden.

Überhaupt ließ sich der Staat das Wohl der Familien einiges kosten. Jedes junge Paar hatte Anspruch auf ein Ehestandsdarlehen von 1000 Reichsmark. Mit jedem geborenen Kind verringerte sich die Rückzahlungssumme um ein Viertel, so dass bei vier Kindern die Darlehensschuld als getilgt galt. Bereits bei der Eheschließung wurde vielfach den jungen Paaren Hitlers Buch „Mein Kampf" als Präsent überreicht, das dann, war man ein guter PG (Parteigenosse), an auffälliger Stelle des Bücherschranks aufgestellt wurde.

Orden für Kinderreichtum

Kinderreichtum war im NS-Staat mit seinem Drang nach „neuem Lebensraum im Osten" ideologisches und politisches Programm. Kinderreichen Müttern wurde jeweils am 12. August, dem Geburtstag der Mutter des Führers", das „Ehrenkreuz der Deutschen Mutter" verliehen.

Später, im zweiten Kriegsjahr, verstieg sich die nationalsozialistische Propaganda zu dem Satz: „Die Frau hat auch ihr Schlachtfeld: Mit jedem Kinde, das sie der Nation zur Welt bringt, kämpft sie ihren Kampf für die Nation."

Mit diesem Plakat wurde der Volksempfänger propagiert

Propaganda aus dem Volksempfänger

Doch zurück zu uns. Sannen wir tagsüber in den Gitterstäbchen über unser Dasein nach, erfolgte keine Störung durch fremdsprachiges Schlager-Gedudel aus voluminösen Stereo-Anlagen oder durch visuelle Dauerberieselung aus dem Fernseher. Den kannte man nämlich noch nicht, und das Radio war ein Luxusartikel. Dennoch besaß so gut wie jeder Haushalt wenigstens einen so genannten Volksempfänger, ein technisch anspruchloses Gerät, dessen Anschaffungspreis bewusst niedrig gehalten war. Das Radio war das wichtigste und wirksamste Medium der NS-Propaganda. Wandten sich Hitler oder Goebbels über den Rundfunk an die „Volksgenossen", war es sozusagen nationale Pflicht, den Apparat einzuschalten.

Uns germanische Neubürger ließ das freilich ziemlich kalt. Sehr viel später sollte einmal ein gewichtiger Politiker im Hinblick auf die Mitverantwortung für die NS-Untaten von der „Gnade der späten Geburt" reden. Wir haben eben Schwein gehabt, prosaisch ausgedrückt.

Die Synagogen brennen

Die von den Nationalsozialisten seit ihrer Machtübernahme begonnene Judenverfolgung erreicht am 9. November 1938 mit der so genannten Reichspogromnacht einen ersten dramatischen Höhepunkt. In ganz Deutschland werden Synagogen angezündet, jüdische Geschäfte zerstört, Juden misshandelt, in Konzentrationslager gebracht oder umgebracht. Bereits 1935 waren mit der Verkündung der Nürnberger „Rassegesetze" (Schutz des deutschen Blutes) den Juden die bürgerlichen Rechte entzogen worden.

Den Vorwand für die Ausschreitungen bietet der Mordanschlag des 17-jährigen Herschel auf den deutschen Diplomaten Ernst von Rath am 7. November in Paris. Die „Reichskristallnacht" – von den Nazis verharmlosend so genannt wegen der zersplitterten Fensterscheiben – ist das Vorspiel für den Massenmord an den Juden in Europa.

Mobiles Bett:
Der Waschkorb

Neben dem Essen
Windeln auf dem Herd

Genächtigt wurde in Wiegen und Himmelbettchen oder ganz einfach in umgerüsteten Waschkörben. Versuche, in Wachphasen durch kräftiges Gebrüll eingebildete Durstgefühle oder Sehnsucht nach Kuscheleinheiten zu signalisieren, verfingen meist nicht. Die damalige Mütter-Generation machte, wiewohl sie für die Betreuung der Kinder genügend Zeit zur Verfügung hatte, viel weniger Aufhebens um die Schreihälse, als man es heute tut. Das bekamen wir schnell mit und richteten uns danach.

Aber wie herrlich und befreiend das Glücksgefühl am Morgen, vor allem dann, wenn der klebrige und nasse Inhalt der kunstvoll gefalteten Windeln entfernt wurde! Und sobald die kühlende Nachbehandlung mit Waschlappen, Öl und Puder erfolgt war, fühlte man sich wie neu geboren, bis, ja bis zum nächsten unvermeidlichen Malheur. Für unsere Mütter waren diese intimen Vorgänge doppelt anrüchig, mussten sie doch permanent die Mulltücher in großen Töpfen auf dem Herd auskochen, und das in Duftkonkurrenz zum Inhalt der Kochtöpfe.

Das Wickelmaterial für die sensiblen Körperzonen bestand aus drei Lagen: Zuerst kam eine Windel aus weichem Mullstoff, dann eine solche aus Baumwollstoff und zum Schluss das so genannte Molton-Tuch. Das Ganze richtig zusammenzuknoten erforderte einige Übung und jedenfalls mehr Geschick, als es heute von den Müttern verlangt wird. Feuchtigkeitsundurchlässige Pampers mit Klettverschluss, die nach Gebrauch in den Mülleimer wandern, kamen erst Jahrzehnte später in Gebrauch. Wie übrigens auch die Waschmaschinen.

7

Noch etwas wackelig

Thrönchen aus Emaille

Der Tag wurde, je nach Wachstumsstand, liegend-schlummernd oder in gesicherten Arealen herumkrabbelnd zugebracht. Wer gut mit Spielzeug ausgestattet war, verfügte über Lärmgeräte wie Rasseln, Schellen und Glöckchen sowie Bällchen, an Gummibändern aufgehängt. Zwischendurch wurde man aus zunächst unerfindlichen Gründen aufs Töpfchen gesetzt. Doch recht bald erschloss sich uns die Wichtigkeit dieser Maßnahme, denn das Interesse der Umwelt am Ergebnis unserer Tätigkeit war enorm.

Dass man uns damals immer wieder das Thrönchen unterschob, hing mit dem Wunsch der Mütter zusammen, dass wir möglichst schnell „sauber werden" sollten: Die Windeln machten viel Arbeit und konnten außerdem nicht verhindern, dass der Po häufig wund war. So kam es denn zu vielen mehr oder weniger ergiebigen Dauersitzungen. Die Töpfchen, aus emailliertem Blech oder in der De-luxe-Ausführung aus Porzellan geformt, eigneten sich im Übrigen auch vortrefflich für Rutsch-Ausflüge quer durchs Zimmer, die nackten Füße als zuverlässiger Antrieb.

War man nun solchermaßen noch den ebenerdigen Lebewesen zugeordnet, änderte sich das grundlegend mit der ersten Zäsur in unserer Entwicklungsgeschichte: Mit der Fähigkeit, aufrecht stehen und gehen zu können, war der Status des Homo sapiens auch optisch erreicht. Begeisternd der erste selbstständige, wenn auch taumelnde Lauf über mehrere Meter in die weit ausgebreiteten Arme des Vaters. Und gleichzeitig erweiterte sich allmählich die Palette der Spielsachen: Stoffpuppen und Teddybären sowie Bauklötze und Bälle hielten Einzug in die Kinderzimmer.

Romy Schneider als Kaiserin Elisabeth

Publikumsliebling Romy Schneider

Sie sollte eine der Publikumslieblinge in Deutschland und später vor allem in Frankreich werden: die Filmschauspielerin Romy Schneider, die am 23. September 1938 in Wien als Tochter des Schauspielerehepaares Magda Schneider und Wolf Albach-Retty geboren wird. In den 50er Jahren werden die „Sissi"-Filme, mit ihr in der Rolle der österreichischen Kaiserin Elisabeth, zu Kassenfüllern. Nach ihrer Übersiedlung nach Paris entwickelt sich Romy Schneider zu einer großen Charakterdarstellerin wie in „Nachtblende" und „Gruppenbild mit Dame". Ihr Privatleben ist von Tragik überschattet. So verliert sie 1981 ihren Sohn David durch einen schrecklichen Unfall. Am 29. Mai 1982 stirbt Romy Schneider an einem Herzversagen.

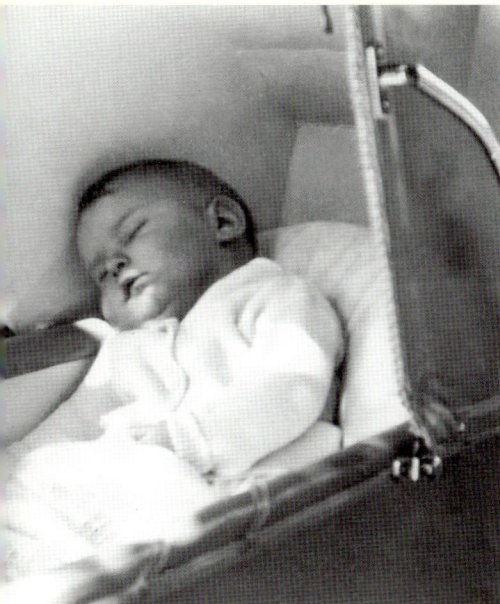

Das war ein bisschen viel heute

Kein modischer Schnickschnack für die Kleinsten

Jetzt nahm auch der Drang zu, die Außenwelt zu erforschen, zu sehen und gesehen zu werden, und das zu Fuß oder im modernen Kinderwagen mit tiefem Schlafgehäuse und aufklappbarem Faltdach. War man nämlich von Mutti – sie selbst ging, wie allgemein üblich, niemals ohne Hut aus dem Haus – liebevoll herausgeputzt, gab es bei nachbarlichen Begegnungen auf der Straße viele Entzückensrufe, die vor allem kleinen Mädchen-Seelen wohl taten.

Gleichwohl muss betont werden, dass modischer Schnickschnack keine Gewalt über uns hatte. Die großen Baby-Boutiquen mit ihren Angeboten an etwa aufwändig modellierten Spitzenkleidchen oder Safari-Anzügen für Zwei- bis Dreijährige sind eine Erfindung der Neuzeit. Demgegenüber bestand die Gar-derobe der 36er aus einer bescheidenen Grundausstattung mit Strampel- und Pluderhöschen, Röckchen und Jäckchen aus Wolle, die in normalen Wäschegeschäften zu haben waren. Und meist griffen die Mütter selbst noch zu Nadel, Zwirn und preiswertem Nesselstoff, um die Einkleidung der Kleinen zu vervollständigen.

„Guten Abend, gute Nacht, mit Rosen bedacht, mit Näglein besteckt, schlupf unter die Deck'. Morgen früh, wenn Gott will, wirst Du wieder geweckt, morgen früh..." Dieses Lied von Johannes Brahms ist der Inbegriff von Geborgenheit, Trost und Frieden. Es wurde früher an vielen Kinderbetten gesungen und hob uns ganz sanft in die Traumwelt hinüber. Melodie und Text sind bis heute präsent, und sie erfüllen uns mit leichter Wehmut beim dankbaren Rückblick auf die ersten Lebensjahre.

Medaillenregen für deutsche Olympioniken

Die ersten Olympischen Sommerspiele in Deutschland nutzt das nationalsozialistische Deutschland zu einer gewaltigen Propagandaschau. Sie werden am 1. August 1936 von Reichskanzler Hitler im Berliner Olympiastadion eröffnet. Den rund 150 000 ausländischen Gästen wird das Bild eines politisch und wirtschaftlich starken Landes präsentiert, das Sicherheit und Ordnung garantiert. Die optimal trainierten deutschen Sportler gewinnen die meisten Medaillen (33-mal Gold) vor den USA (24) als zweitstärkster Teilnehmer-Nation.

Bei den vorausgegangenen Olympischen Winterspielen im Februar in Garmisch-Partenkirchen erringt Deutschland hinter Norwegen den zweiten Medaillenrang.

Adolf Hitler – „Führer" und Verführer

In Deutschland regieren seit dem 30. Januar 1933 die Nationalsozialisten, dem Tag, an dem ihr Führer Adolf Hitler (Foto) von Reichspräsident Hindenburg zum Reichskanzler ernannt wurde. Hoffnungen der Rechtskonservativen, die braune Bewegung damit politisch zu disziplinieren, zerschlagen sich jedoch schnell. Das NS-Regime entmachtet das Parlament, löst Parteien und Gewerkschaften auf, verfolgt politisch Andersdenkende und vor allem die Juden.

Die große Mehrheit der Deutschen, denen noch die Jahre der Not nach dem verlorenen Ersten Weltkrieg und die harten Bedingungen des Versailler Friedensvertrages in den Knochen stecken, sieht in Adolf Hitler gleichwohl einen Heilsbringer: Überall scheint es jetzt bergauf zu gehen, die Arbeitslosenzahlen sinken rapide, der Bau der Autobahnen beginnt, das nationale Selbstbewusstsein wächst. Die Wiedereinführung der Wehrpflicht und den Aufbau der Wehrmacht akzeptiert man als legitime Angleichung an den Rüstungsstand der Nachbarländer. Doch in Wahrheit handelt es sich um die Menetekel der heraufziehenden Eroberungskriege Hitlers. Der Masse der Bevölkerung bleibt das verborgen.

Mehrere außenpolitische Erfolge erhöhen noch die Popularität des „Führers". Am 7. März 1936 besetzen deutsche Truppen unter Verletzung des Vertrages von Locarno (1925) das entmilitarisierte Rheinland, Gegenmaßnahmen Frankreichs und Großbritanniens bleiben aus. Prompt entfallen bei der Reichstagswahl vom 29. März rund 99 Prozent der Stimmen auf Hitler.

Zwei Jahre später erfolgt der „Anschluss" Österreichs an das Deutsche Reich. Der Jubel, mit dem die einrückende Wehrmacht im März 1938 begrüßt wird, überdeckt, dass Hitler zuvor massiv in die österreichische Innenpolitik eingegriffen hat.

Kriegsangst in ganz Europa kommt auf, als Hitler in aggressiver Form von der Tschechoslowakei die Abtretung des überwiegend von Deutschen bewohnten Sudetenlandes verlangt. Auf der Münchner Konferenz Ende September 1938 kann er sich durchsetzen, Frankreich und Großbritannien knicken vor ihm ein. In London ruft Premierminister Chamberlain nach seiner Rückkehr: „Der Friede in unserer Zeit ist gerettet." Es war ein grausamer Irrtum.

Der VW-Kübelwagen (hier im Sand der afrikanischen Wüste) wurde an allen Fronten eingesetzt

Geburtsstunde des VW-Käfers

Dank Kinderwagen besaßen wir Winzlinge eine für unsere Altersklasse ausreichende Mobilität. Schlechter gestellt war die große Mehrheit der Erwachsenen, denn das individuelle Fortbewegungsmittel Auto konnten sich nur die Besserverdienenden leisten. Das sollte sich jedoch nach dem Willen des „Führers" mit der Produktion eines auch für Kleinverdiener erschwinglichen Fahrzeugs ändern.

Am 26. Mai 1938 gelang ihm mit der Grundsteinlegung für das Volkswagenwerk ein großer Propagandaerfolg. Gleichzeitig wurde einer staunenden Öffentlichkeit der erste, von Ferdinand Porsche konstruierte Volkswagen vorgestellt. Sein luftgekühlter Heckmotor leistete 23,5 PS und ermöglichte eine Spitzengeschwindigkeit von 100 km/h.

Von Hitler auf den Namen „KdF- (Kraft durch Freude-) Wagen" getauft, sollte das einem Käfer ähnelnde Gefährt nicht mehr als 1000 Mark kosten. Zur Finanzierung wurde die KdF-Sparkarte eingeführt, wonach jeder Kunde wöchentlich fünf Reichsmark einzahlen musste. Mit der Produktionsstätte wurde auch gleich eine neue Siedlung, die „Stadt des KdF-Wagens" gegründet, das spätere Wolfsburg.

Die Sparer waren angeschmiert

Doch zu einer Auslieferung des VW-Käfers an Otto Normalverbraucher kam es nicht mehr, weil gut ein Jahr später der Krieg ausbrach. Stattdessen wurden für die Wehrmacht 55 000 so genannte Kübelwagen gebaut, eine Variante des Volkswagens. Die zivilen Kaufinteressenten, die bis Ende des Krieges 286 Millionen Reichsmark angespart hatten, verloren ihr Geld. Nach dem Krieg wurde die Produktion des Käfers in Wolfsburg zu einer einzigartigen Erfolgsgeschichte. Bereits 1955 lief der millionste Wagen vom Band.

Prominente Sechsunddreißiger

23. Jan.	**Horst Mahler**, Rechtsanwalt und RAF-Gründungsmitglied
22. Feb.	**Karin Dor**, Schauspielerin
19. März	**Ursula Andress**, Schauspielerin
8. April	**Klaus Löwitsch**, Schauspieler
16. Mai	**Karl Lehmann**, Vorsitzender der Deutschen Bischofskonferenz
23. Juni	**Jan Hoet**, belgischer Kunsthistoriker
2. Juli	**Rex Guildo**, Sänger und Schauspieler
20. Aug.	**Kessler-Zwillinge**, berühmtes Paar des Showgeschäfts
21. Sep.	**Jean Pütz**, Wissenschaftsjournalist und TV-Moderator
5. Okt.	**Vaclav Havel**, tschechischer Politiker und Schriftsteller
5. Nov.	**Uwe Seeler**, Alt-Star des deutschen Fußballs
17. Dez.	**Klaus Kinkel**, FDP-Politiker und Ex-Außenminister

Behütete Kinderjahre ohne Rummel, Lärm und Hetze

Das 4. bis 6. Lebensjahr

Jetzt ging es auf Entdeckungsreise

Hurra, schöne Welt, wir kommen! Den Kinderwiegen und Gitterställchen entwachsen, des Gehens und Laufens anerkanntermaßen mächtig, ging es jetzt auf Entdeckungsreise. Das engere Umfeld, nämlich Wohnung, Garten und Straße vor der Tür, war ausreichend erforscht. Die unstillbare Neugier der nun dreijährigen Dreikäsehochs verlangte nach mehr. Und so erweiterten wir unter sachkundiger Führung von Eltern, Onkeln und Tanten von Woche zu Woche den Radius unserer Exkursionen. Die Augen konnten gar nicht weit genug geöffnet sein, um all das Neue, Bunte und Aufregende aufzunehmen, das sich uns draußen darbot.

Und Kinderaugen sehen sehr genau hin, registrieren mitunter zuverlässiger als die von Erwachsenen so wichtige Details wie beispielsweise die Anzahl der Achsen großer Eisenbahnwaggons. Der Blick von der Brücke ergab: Sie haben an jeder Seite vier Räder, also zwei Doppelachsen. Als dann aber eine ansonsten sehr liebe Tante die gewissenhaft angefertigte Zeichnung mit der Bemerkung verwarf, da gehörten jeweils nur zwei Räder dran, war das schmerzlich, ja empörend. Und dem kleinen Erdenbürger dämmerte die Erkenntnis, dass dies wohl nicht der erste Fall von ungerechter Behandlung im Leben sein würde.

Chronik

Auch die Puppe muss nicht frieren

25. Januar 1939
Über 10 000 Menschenleben fordert ein Erdbeben in Chile. Weitgehend zerstört werden die Städte Concepción, Chillan und San Carlos.

15. März 1939
Nach der Abtretung des Sudetenlandes an Deutschland 1938 okkupiert Hitler nun auch die Rest-Tschechoslowakei. Das Einverständnis Prags wird durch die Drohung mit Krieg erpresst.

18. Juni 1939
Schalke 04 wird nach einem 9:0-Sieg über Admira Wien der erste „großdeutsche" Fußballmeister.

1. September 1939
Mit dem Angriff der Wehrmacht auf Polen bricht der Zweite Weltkrieg aus.

22. Januar 1940
Eine Kältewelle legt das öffentliche Leben in Europa weitgehend lahm. Von Schweden bis Jugoslawien fallen die Temperaturen auf bis zu 40 Grad minus. Sogar Rhein und Donau sind von einer dicken Eisschicht überzogen.

13. August 1940
Am „Adlertag" startet die deutsche Luftwaffe eine Offensive gegen Großbritannien mit dem Ziel, die Luftherrschaft als Voraussetzung für eine Invasion in England zu schaffen. Die Luftschlacht, die bis 1941 dauert, wird erfolglos abgebrochen.

12. Mai 1941
In Berlin stellt der Ingenieur Konrad Zuse den weltweit ersten programmgesteuerten Digitalrechner auf elektromechanischer Basis vor. Das eigentliche Computer-Zeitalter beginnt allerdings erst nach dem Krieg.

22. Juni 1941
Das Unternehmen „Barbarossa" beginnt: Die Wehrmacht greift mit über drei Millionen Soldaten die Sowjetunion an. Beteiligt sind auch Truppen verbündeter Staaten wie Rumänien und Ungarn.

1. September 1941
Alle in Deutschland lebenden Juden werden verpflichtet, einen handtellergroßen gelben Stern mit der Aufschrift „Jude" auf ihrer Kleidung zu tragen.

Holzklötzchen mit Rädern dran

Die Verkehrsmittel als sichtbarster Ausdruck von Technik – das faszinierte eben auch zu unserer Zeit schon die drei- bis fünfjährigen Steppkes. Folgerichtig verfügten wir Buben über die ersten Modellreihen von Lastautos und Eisenbahnen. Sie bestanden zwar jeweils oft nur aus Holzklötzchen mit Rädern dran, aber sie waren ungemein robust und zielgerecht konstruiert.

Die kleinen Mädchen zog es, wie es sich gehörte, mehr zur Puppenwelt hin. Sie waren einfach und schlicht, die Puppen von damals, bescheiden in ihrer Garderobe, aber dafür wunderbar individuell. Es gab noch keine Barbie-Invasion, keine Modetrends in den Puppenstuben; statt Massenware häufig genug liebevoll geformte Unikate aus Mutters Bastel- und Nähkiste. Sofern sie bis in die Gegenwart gerettet wurden, zieren sie hier und da noch Fenstersimse und Sofaecken.

Unsere Spielsachen waren kaum mechanisiert und stattdessen darauf angelegt, Phantasie und Einfallsreichtum anzuregen. Umso befriedigender dann das jeweilige Erfolgserlebnis, stolz verkündet oder still für sich allein genossen. Und überschaubar war das gängige Angebot an Spielzeug, jedenfalls nicht so überbordend, dass sich Übersättigung, Lustlosigkeit und Langeweile einstellen konnten.

Das Größte:
Auf Vaters Motorrad

Seelenverwandtschaft mit der Kleintierwelt

Schon frühzeitig ausgeprägt war die Zuneigung zur Kleintierwelt, als da waren Kaninchen, Kätzchen, kurzbeinige „Wauwaus" und auf dem Lande neben den vielen Hühnern auch rosarote Ferkelchen. Letztere waren damals auf fast jedem Bauernhof anzutreffen, und die Versuchung war groß, die Finger in die Rüssellöcher zu stecken. All diese vierbeinigen Wesen wirkten auf uns irgendwie hilfebedürftig, jedenfalls abhängig vom Wohlwollen der Erwachsenen. So dürfte eine Art Seelenverwandtschaft die Grundlage dieser Affinität gewesen sein und anders ist es heute wohl auch nicht.

Die Welt der Geräusche: Zu den vergnüglichsten Übungen gehörte es, waren wir so um die vier bis fünf Jahre alt, unsere Freunde aus dem Tierreich akustisch nachzuahmen. Das gelang zwar weniger als leidlich, aber Eltern und Großeltern pflegten voll des Lobes zu sein. Als nicht minder attraktiv bot sich die Wiedergabe all dessen an, was im täglichen Verkehr vernehmbar war: Das Zischen der Dampflokomotiven, das Gehupe der Autos und das Motorenbrummen von Motorrädern und schweren Lastkraftwagen. Da war als Mentor meist der Opa am engagiertesten, wohl weil auch für ihn die beginnende Massenmotorisierung etwas Interessantes darstellte.

Filmepos „Vom Winde verweht"

Einer der weltweit erfolgreichsten Filme, das amerikanische Bürgerkriegsepos „Vom Winde verweht", wird am 15. Dezember 1939 in Atlanta im US-Bundesstaat Georgia uraufgeführt. In den Hauptrollen als Scarlett O'Hara und Rhett Butler glänzen Vivien Leigh und Clark Gable (Szenenfoto). Der Streifen, mit acht „Oscars" ausgezeichnet, wurde nach dem gleichnamigen Roman von Margaret Mitchell gedreht.

Eine Omi ...

... und ein Opi

Großmutter, Oma oder Omi

Apropos die Großeltern: Es gibt und gab sie in unterschiedlicher Ausführung. Liebevoll und gütig waren sie auch zu unserer Kinderzeit eigentlich alle. Hatten sie zusätzlich einen würdevollen und respektheischenden Habitus, war die von Alters her übliche Anrede Großmutter und Großvater angemessen. Waren indes Oma und Opa – und das war die gängigste Form – besonders fürsorglich oder verständnisvoll bei kleinen Sündenfällen der Enkel, machte sie der Kindermund mit seinem Gespür für sprachliche Feinheiten auch mal zu Omi und Opi. Und avancierte eine Großmutter gar zu einer Omeli, hatte sie den höchsten Grad der Wertschätzung erreicht.

Hitler entfesselt den Zweiten Weltkrieg

Mit dem Überfall der Wehrmacht auf Polen am 1. September 1939 löst Hitler den Zweiten Weltkrieg aus. Zwei Tage später erklären Frankreich und Großbritannien entsprechend ihren Bündnisverpflichtungen Deutschland den Krieg. Die polnische Armee kapituliert nach rund vier Wochen. Deutschland und die Sowjetunion teilen das Land unter sich auf.

Im Frühjahr 1940 besetzen deutsche Verbände außer Dänemark auch Norwegen, um die Eisenerzlieferungen aus Schweden zu sichern. Am 10. Mai tritt die Wehrmacht zum Angriff gegen die alliierten Streitkräfte im Westen an, sie werden innerhalb weniger Wochen geschlagen. Großbritannien kann sein in Dünkirchen eingekesseltes Expeditionskorps über See evakuieren. Paris bittet um Waffenstillstand, der am 22. Juni im Wald von Compiegne unterzeichnet wird.

Die grauenvollste Phase des Zweiten Weltkrieges beginnt am 22. Juni 1941 mit dem Überfall der Wehrmacht auf die Sowjetunion, nachdem sie zuvor Jugoslawien und Griechenland erobert hatte. Den in den russischen Weiten zügig vorstoßenden Truppenverbänden folgen Einsatzgruppen des Sicherheitsdienstes, die Jagd auf Juden und andere „völkisch minderwertige Menschen" machen.

Vollends global wird der Krieg mit dem japanischen Überfall am 7. Dezember 1941 auf die amerikanische Pazifikflotte in Pearl Harbor. Deutschland, das im Jahr zuvor mit Japan und Italien einen Dreimächte-Pakt abgeschlossen hatte, erklärt nun auch den USA den Krieg.

Rätselraten um „Friedensflug"

Im Sommer 1940 hatte die deutsche Führung in der „Luftschlacht um England" ihr Ziel verfehlt, über den britischen Inseln die Luftherrschaft als Voraussetzung für eine Invasion zu erringen. Ein knappes Jahr später, am 10. Mai 1941, sorgt der bis heute mysteriöse „Friedensflug" des Hitler-Stellvertreters Rudolf Heß (Foto) für Aufsehen: Er springt über England aus seiner Maschine mit dem Fallschirm ab, um die Londoner Regierung zu Friedensverhandlungen zu bewegen – ob mit Wissen Hitlers oder nicht, bleibt ungeklärt. Heß wird 1946 vom Internationalen Militärtribunal in Nürnberg zu lebenslanger Haft verurteilt; er stirbt 1987 als letzter Häftling des Kriegsverbrechergefängnisses in Berlin-Spandau.

Zu Fuß zum Tante-Emma-Laden

Mit dem Auto zum Einkaufen in den Supermarkt? Nein, zu unserer Kinderzeit war das keine Massenveranstaltung mit Gedränge und Hetze. Konzentriert und mit einer gewissen Muße erledigten die Mütter ihre Besorgungen. Und vor allem meist zu Fuß, gab es doch in Stadt und Land den Tante-Emma-Laden um die Ecke, den Bäcker, Metzger und Milchladen. Das konnte ganz schön lange dauern, zumal die

Einkaufstour Gelegenheit zu zwischenmenschlicher Kommunikation bot. Im Mittelpunkt standen dann – sofern mit von der Partie – häufig wir, was recht angenehme Folgen hatte.

In den „Kolonialwarenläden" pflegten wir nämlich andächtig die großen, mit Deckeln versehenen Gläser anzustarren, die mit roten, blauen und gelben Bonbons gefüllt waren. Der Kaufmann förderte dann eines zu Tage und nahm unser artiges Dankeschön lächelnd entgegen. Auch Bäcker, Fleischer und andere Vertreiber nahrhafter Dinge ließen sich durch Kinderaugen erweichen. Quengeliges Betteln war damals allerdings nicht üblich, eher verpönt.

„Lili Marleen" an allen Fronten

Ein schon 1938 von der Sängerin Lale Andersen (Foto) gesungenes Lied wird zum Hit in Deutschland und an allen Frontabschnitten, als es seit dem 1. August 1941 allabendlich vom deutschen Soldatensender in Belgrad ausgestrahlt wird: Lili Marleen („Vor der Kaserne, vor dem großen Tor, stand eine Laterne und steht sie noch davor. So woll'n wir uns da wiederseh'n, bei der Laterne woll'n wir steh'n, wie einst Lili Marleen ..."). Auch bei den britischen Soldaten wird das Lied so beliebt, dass sie es vielfach mitsingen.

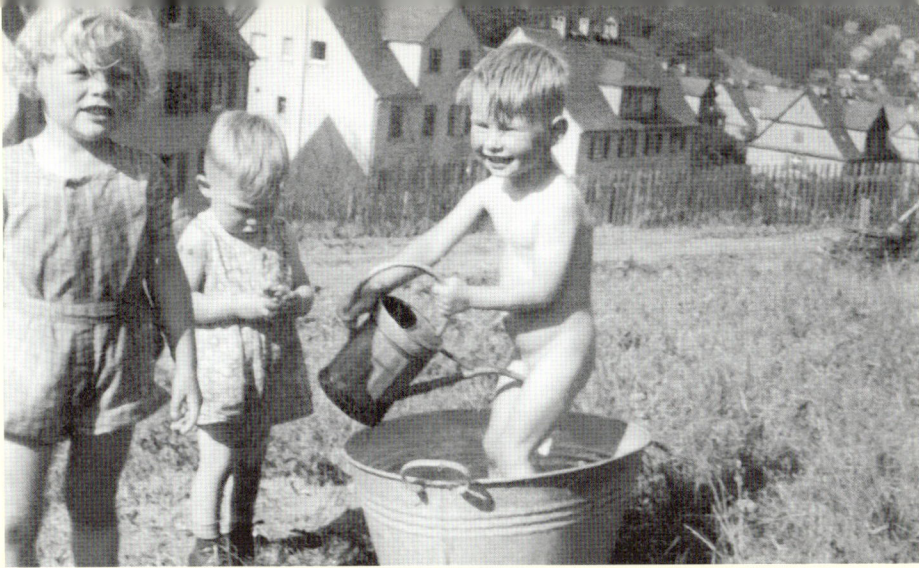

Badespaß unter Aufsicht

Zinkwanne
als Bade-Pool

„Alle Vöglein sind schon da, alle Vöglein alle …" Frisch und fröhlich sind Text und Melodie dieses Liedes. Wenn es uns die Mütter morgens beim Aufstehen vorsangen, kam uns eine erste Ahnung von dem Wunder des Werdens und Wachsens im Frühling.

Pralle Lebensfreude vermittelte der Sommer, etwa wenn wir ihn an einem warmen Tag gemeinsam mit Nachbarskindern irgendwo auf einer Wiese erleben konnten. Paradiesisch ging es dann zu: Die Hüllen fielen, und man sprang in eine mittels Gießkanne gefüllte Zinkwanne, die ansonsten in der Waschküche angesiedelt war. Die Sonne wärmte schnell das Badewasser, das schon bald eher einer Salatsauce ähnelte, weil die kleinen Füße immer wieder Gras mit hineinnahmen.

Besonders bei Aufenthalten im Freien waren die älteren Geschwister von den Eltern angehalten, auf die jüngeren aufzupassen, was diese im Allgemeinen auch hinnahmen. Geriet man aber in den Spiel- und Einflussbereich größerer Mädchen aus der Nachbarschaft, konnte deren Fürsorgedrang recht lästig werden, und merkwürdigerweise vor allem dann, wenn man dem anderen Geschlecht angehörte. Die jungen Damen überboten sich mit Ermahnungen, zogen einen immer wieder von irgendwo weg oder nestelten an der Kleidung herum. Empfanden sie es als eine gehobene Variante des Spiels mit Puppen? Ein schrecklicher Verdacht, der uns Buben, wenn auch unbewusst, schwer zu schaffen machte.

Waren unsere Mütter berufstätig, was damals noch nicht so verbreitet war wie heute, sprangen neben den älteren Geschwistern die Großeltern als Kinderhüter ein. Oder wir wurden in Kindergärten geschickt, die es in Deutschland schon seit den 20er Jahren gab. Sie gewannen an Bedeutung, als im Verlauf des Krieges immer mehr Frauen zur Rüstungsarbeit verpflichtet wurden. Leider wurden auch die Kindergärten von den Nationalsozialisten für ihre Ideologie vereinnahmt. Wie in den Schulen, erschienen auch in den Spielzimmern Führer-Bilder an den Wänden, und an Hakenkreuzfähnchen mangelte es auch nicht.

17

Weihnachtliche Hausmusik

Weihnachten
noch voller Zauber

Neigte sich das Jahr seinem Ende zu, wurde es zu Hause geheimnisvoll. An den Fenstern erschienen Engel auf Transparentbildchen, Kerzen wurden angezündet, es duftete nach Tannenzweigen und Spekulatius-Gebäck, das aus dem Bauch des Kohleherds hervorgezogen wurde. Abends saß die Familie zusammen, und wenn Mutter mit der Blockflöte oder dem Klavier Adventslieder spielte, wurde uns richtig andächtig zumute. Wir waren ja noch nicht geschädigt durch aufdringliches Weihnachts-Getöse aus den Lautsprechern von Kaufhäusern und Weihnachtsmärkten. Das „Stille Nacht, heilige Nacht" wurde nicht schon Wochen vor Heiligabend an allen möglichen Orten abgenudelt und damit seines Zaubers beraubt.

„Bald kommt das Christkind und bringt lieben Kindern Geschenke" – diese Verheißung gewann an Aktualität, je mehr Fensterchen im Adventskalender offen standen. Dort zeigten sich einfach gemalte bunte Bälle, Puppen oder Schneemänner, aber ohne Schokoladestückchen. Wir betrachteten sie versonnen als freundliche Vorboten dessen, was da an guten Dingen uns erwarten sollte. Mit Süßigkeiten wurden wir kurz gehalten, was die Vorfreude auf Weihnachten eher noch förderte.

Konsequente Himmelsboten

Zuvor musste aber noch mit dem 6. Dezember ein Tag bewältigt werden, dem wir mit Spannung, aber auch mit einer gewissen

Beklommenheit entgegensahen. Der Besuch des Nikolaus und seines Gehilfen Knecht Ruprecht stand an, und beiden mussten wir Rede und Antwort stehen, wie artig wir gewesen seien. An geeigneten Onkeln mit tiefer Stimme mangelte es nicht. Wenn sie abends, in schwere Umhänge gehüllt und die Gesichter durch Bärte vermummt, im Wohnzimmer erschienen, bekamen wir vor Aufregung rote Backen und Ohren. An ihrer Authentizität bestand kein Zweifel, wurde doch ihre Einzigartigkeit nicht durch Heerscharen von Weihnachtsmännern in Frage gestellt, die heute in rot-weißem Einheitslook Einkaufspassagen und Märkte bevölkern.

Die Befragung ging meist glimpflich ab. Es kam aber auch vor, dass Knecht Ruprecht seine Rute tatsächlich zu strafender Anwendung brachte. Das geschah zwar nur auf symbolische Art, doch die moralische Wirkung war nachhaltig. Und keineswegs wohlfeil waren die Gaben aus dem Geschenksack von Nikolaus, sie mussten vielmehr nachweislich verdient sein. Insofern zeigten auch diese beiden Herren aus dem Himmel eine damals mehr als heute beachtete Konsequenz in der Erziehung.

Endlich war der Abend der Abende gekommen. Aus dem Weihnachtszimmer kam das Bimmeln eines Glöckchens, die Tür öffnete sich, wir wurden hineingeführt und bestaunten den dicht mit silbernen Lametta-Fäden und ebensolchen Kugeln geschmückten Christbaum. Scheu schweiften unsere Blicke über die Geschenkhäufchen, versuchten den Inhalt der Päckchen zu erraten, während sich der durch Opa und Oma verstärkte Familienchor dem Gesang hingab. Erst dann war der Weg frei zu den Geschenken,

über deren Herkunft wir ganz sicher waren. Es war ein unverfälschter Christkindsglaube, der uns in den ersten Lebensjahren das Weihnachtsfest vergoldete.

Filmsatire auf Adolf Hitler mit Charlie Chaplin

Der amerikanische Charakterkomiker und Filmproduzent Charlie Chaplin stellt am 15. Oktober 1940 dem New Yorker Premierenpublikum mit dem Streifen „Der große Diktator" eine beißende Satire auf Adolf Hitler und den Nationalsozialismus vor. Chaplin spielt darin eine Doppelrolle. Zum einen verkörpert er die Figur des Diktators Hynkel, der die Welt als sein Eigentum betrachtet (Szenenfoto). Zum anderen mimt er einen jüdischen Friseur, dem es aufgrund seiner Ähnlichkeit mit Hynkel gelingt, aus einem Konzentrationslager zu entkommen. Seine Flucht durch den Fantasiestaat Tomania gipfelt in einer Ansprache, die er anstelle des Diktators hält und die zu einem Plädoyer für Toleranz und Menschenrechte wird.

Nach dem siegreichen Frankreich-Feldzug paradierten in allen größeren deutschen Städten – wie hier in Freiburg (Breisgau) – Verbände der Wehrmacht. Unser Bild zeigt das Sturmboot einer Pioniereinheit mit dem Vermerk, dass mit ihm im Juni 1940 die Seine überquert wurde

„... dein Vater ist im Krieg"

Von dem inzwischen ausgebrochenen Krieg bekamen wir zunächst kaum etwas mit. Es gab noch keine nennenswerten Bombenangriffe auf die Städte, und das alte Kinderlied „Maikäfer flieg, dein Vater ist im Krieg" beunruhigte uns nicht weiter. Irgendwann einmal hörten wir ununterbrochen die Kirchenglocken läuten. Die Erwachsenen wussten, warum: Nach dem gewonnenen Frankreich-Feldzug Ende Juni 1940 hatte Hitler die „Beflaggung des Reiches für zehn Tage und das Läuten der Glocken für sieben Tage" befohlen. Unsere späteren Erfahrungen mit dem Krieg sollten dagegen von Angst und Schrecken gekennzeichnet sein.

Lebensmittelkarten und Bezugsscheine

Kurz vor Kriegsausbruch war in Deutschland die Lebensmittel- und Rohstoffrationierung eingeführt worden. Die privaten Haushalte erhielten Ende August 1939 Lebensmittelkarten und Bezugsscheine für Verbrauchsgüter. Diese Umstellung auf die Kriegswirtschaft verlief reibungslos, weil bereits in den Vorkriegsjahren die staatliche Lenkung der Wirtschaft eingeführt worden war.

Die Konzentration auf die Rüstungsindustrie bedingte eine spürbare Einschränkung des privaten Konsums. Dazu wurde weder der Weg einer höheren Besteuerung noch, wie im Ersten Weltkrieg, der verhängnisvolle Weg von Preiserhöhungen gewählt, sondern die dritte Möglichkeit, nämlich die scharfe Rationierung aller

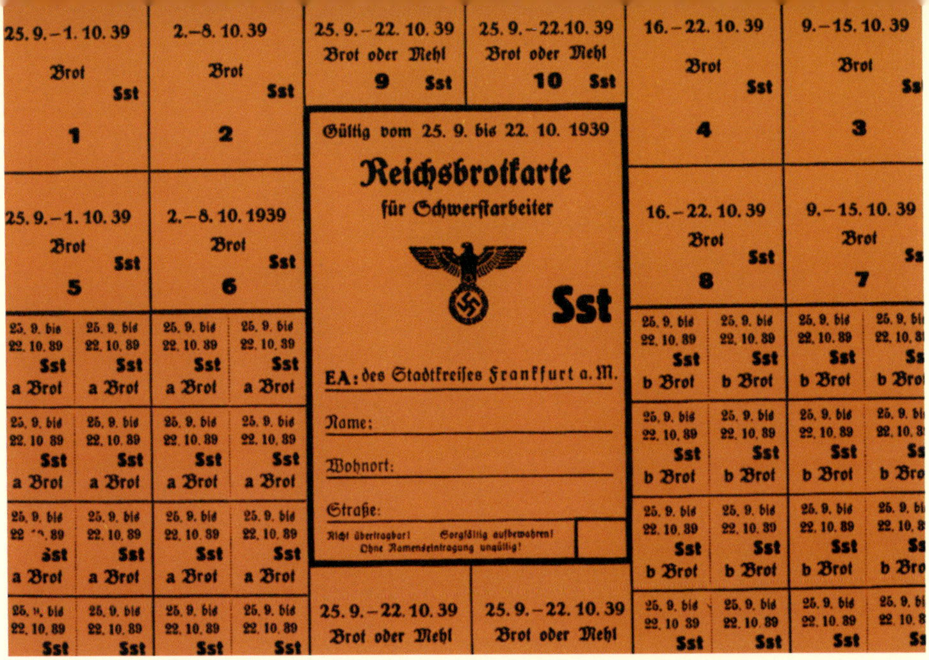

25. 9. – 1. 10. 39 Brot Sst 1
2.–8. 10. 39 Brot Sst 2
25. 9. – 22. 10. 39 Brot oder Mehl 9 Sst
25. 9. – 22. 10. 39 Brot oder Mehl 10 Sst
16. – 22. 10. 39 Brot Sst 4
9. – 15. 10. 39 Brot Sst 3
Gültig vom 25. 9. bis 22. 10. 1939
Reichsbrotkarte
für Schwerstarbeiter
Sst
EA: des Stadtkreises Frankfurt a. M.
Name:
Wohnort:
Straße:
Nicht übertragbar! Sorgfältig aufbewahren!
Ohne Namenseintragung ungültig!
25. 9. – 1. 10. 39 Brot Sst 5
2. – 8. 10. 1939 Brot Sst 6
16. – 22. 10. 39 Brot Sst 8
9. – 15. 10. 39 Brot Sst 7
25. 9. bis 22. 10. 39 Sst a Brot
25. 9. bis 22. 10. 39 Sst b Brot
25. 9. – 22. 10. 39 Brot oder Mehl
25. 9. – 22. 10. 39 Brot oder Mehl

Lebensmittelkarten des Ernährungsamtes Frankfurt vom Herbst 1939

20 Abschnitte für lange Unterhosen

wichtigen Gebrauchswaren. Gleichzeitig sorgte ein Preisstopp dafür, dass die Güter erschwinglich blieben. Damit erreichte es das NS-Regime, dass die meisten Deutschen während des Krieges nicht zu hungern brauchten und empfänglich blieben für die Durchhalte-Parolen.

Probleme bekamen allerdings die Frauen, die zum Einsatz in der Rüstungsindustrie verpflichtet wurden: Die Arbeitszeiten wurden immer länger, sodass viele Frauen es abends gar nicht mehr schafften, auf die Lebensmittelmarken noch etwas zu Essen zu bekommen. Wer sich dadurch verleiten ließ, vorzeitig nach Hause zu gehen, riskierte eine harte Bestrafung: Auf Arbeitsvertragsbruch standen Gefängnis oder Arbeitshaus.

Wenn unsere Mütter einkauften, wurden aus den Lebensmittelkarten und Bezugsscheinen die entsprechenden Abschnitte abgeknipst. Deren Warenwert war akribisch genau angegeben. Für einen Pullover oder einen Schlafanzug musste man sich von 30 Abschnitten trennen, ein „Gummimantel" erforderte 25 und eine „Winterjoppe" 40 Abschnitte. Benötigte der Vater eine lange Unterhose und eine Krawatte, kostete das neben dem Geldbetrag 20 bzw. drei Abschnitte. Auch das jedem Haushalt zustehende Lebensmittel-Kontingent war genau festgelegt.

Glück des Überlebens in Kriegs- und Nackriegszeit

Das 7. bis 10. Lebensjahr

Flaggenhissung auf dem Schulhof

Versammeln auf dem Schulhof zum Fahnen-appell mit Hissen der Hakenkreuzfahne – so pflegte in dem Deutschland Adolf Hitlers der Unterricht nach den Ferien zu beginnen. Die von nationalsozialistischen Parolen begleite-ten Appelle fanden vor allem an den Gym-nasien statt und oft zusätzlich noch an Tagen, an denen Propagandaminister Goebbels über den Rundfunk neue Siegesmeldungen ver-breiten ließ. An den Volksschulen waren der-lei Veranstaltungen weniger ausgeprägt und meist abhängig von der Einstellung der jewei-ligen Schulleiter.

Wir sechsjährigen Schulanfänger konnten der Zeremonie naturgemäß sowieso noch nichts Erhebendes abgewinnen, wie es beabsichtigt war. Immerhin fanden wir das farbenprächtige Spektakel recht interessant und machten gro-ße Augen, wenn manche Lehrer bei besonde-ren Anlässen in SA-Uniform erschienen. Und wir beneideten die älteren Jungen und Mäd-chen, wenn sie ihre Uniformen der Hitler-Jugend (HJ) und des BDM (Bund Deutscher Mädel) tru-gen: In diesem Aufzug durften sie nämlich nicht von Lehrern geohrfeigt werden, was ansonsten als Disziplinarstrafe durchaus zugelassen war.

Chronik

28. März 1942

Beim ersten Großangriff britischer Flugzeuge auf eine deutsche Stadt wird das Zentrum Lübecks zerstört. Ab 1943 eskaliert der Luftkrieg gegen Deutschland, als auch US-Bomber einfliegen. Insgesamt 500 000 Menschen sterben in den Trümmern ihrer Häuser.

18. Juli 1942

Das erste serienmäßig gebaute Düsenflugzeug der Welt, die Me 262, absolviert in Deutschland einen erfolgreichen Testflug. Der Jäger (870 km/h) gelangt aber erst 1944 zum Fronteinsatz.

2. Februar 1943

Die 6. Armee unter General Paulus kapituliert in Stalingrad. Von den 91 000 überlebenden Soldaten kehren später nur knapp 6 000 aus russischer Kriegsgefangenschaft zurück.

18. Februar 1943

Die Gestapo verhaftet die Studenten Sophie und Hans Scholl. Die Geschwister, Mitglieder der Widerstandsorganisation „Weiße Rose", werden am 22. Februar vom NS-Volksgerichtshof zum Tode verurteilt und am selben Tag hingerichtet.

2. September 1943

Albert Speer, Reichsminister für Bewaffnung und Munition, erhält Sonder-Vollmachten zur Ankurbelung der Kriegswirtschaft. Er setzt verstärkt Zwangsarbeiter aus dem besetzten Ausland ein. Die Arbeits- und Lebensbedingungen der 14 Millionen Kriegsgefangenen und Verschleppten sind meist menschenunwürdig.

28. Januar 1944

Die „Feuerzangenbowle" mit Heinz Rühmann in der Hauptrolle kommt in die deutschen Kinos. Der Film wird ein Riesenerfolg und erlangt später Kultstatus.

13./14. Februar 1945

Zum Untergang Dresdens führt ein Massenangriff britischer Bomber. Die Zahl der Todesopfer – nach Schätzungen 35 000 – ist besonders hoch, weil die Stadt mit Flüchtlingen aus dem Osten überfüllt ist.

17. Juli 1945

In Potsdam beschließen die Regierungschefs der Siegermächte, dass Deutschland in Besatzungszonen aufgeteilt und entmilitarisiert werden soll.

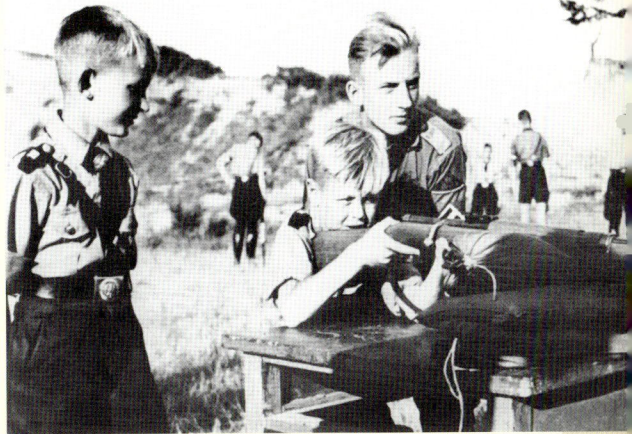

In der Hitler-Jugend durchliefen die Jungen eine vormilitärische Ausbildung – hier elfjährige Jungvolk-Pimpfe beim Schießen mit dem Kleinkalibergewehr

In den Klassenzimmern saßen wir an Holzpulten, die Vertiefungen für das Schreibzeug und das Tintenfass enthielten. Schiefertafel und Griffel bildeten das erste technische Equipment, später folgten hölzerne Schreibwerkzeuge mit Stahlfedern. Die blieben oft in dem billigen faserigen Papier hängen, womit Tintenkleckse programmiert waren. Als Rechenhilfe dienten uns im ersten Schuljahr bunte, aneinander gereihte Holzkugeln, die man hin und her schieben konnte.

Feldpostbrief von Vati

Und der Krieg ging weiter. Wer von uns im Osten Deutschlands aufwuchs, konnte 1941 die endlosen Kolonnen der Wehrmacht auf ihrem Weg nach Russland vorüberziehen sehen. Tag und Nacht waren sie auf der Fernstraße vor dem Haus vorbeigerollt, Panzer, Lastwagen und Geschützgespanne. Das sah sehr eindrucksvoll aus. Doch die älteren Leute, die bereits den Ersten Weltkrieg erlebt

23

Mit steigenden Verlusten an der Front wurde es für die Soldaten immer schwerer, einen längeren Heimaturlaub zu bekommen. Ein besonderes Glück war es, wenn Vati zu Weihnachten nach Hause kam

hatten, zeigten sorgenvolle Mienen. Sie ahnten, dass der Feldzug in die Weiten des sowjetischen Riesenreiches kein gutes Ende nehmen würde.

„Ein Brief von Vati!" Dieser Ruf elektrisierte alle in Haus und Hof. Da gab es kein Halten und Stehen, wir stürmten ins Wohnzimmer, wo Mutter feierlich den Feldpostbrief öffnete. Liebevolle, zärtliche Worte waren es, die irgendwo an einem Frontabschnitt zwischen Eismeer und Afrika geschrieben worden waren. Wir Kinder konnten sicher sein, dass uns stets ein Extra-Kapitel gewidmet war. Wir revanchierten uns mit selbst gemalten Bildchen, die den Päckchen für Vater beigelegt wurden. Und mit Argusaugen wachten wir darüber, dass die Kunstwerke nicht durch die rote Wurst und den von Mutter gestrickten Pullover zerdrückt wurden.

Flucht über vereiste Straßen

Doch im Winter 1945 kam der Krieg zurück. Erneut rollten deutsche Panzer und Militärfahrzeuge am Haus vorbei, aber diesmal

Eine Mutter mit ihren Kindern im offenen Fuhrwerk auf der Flucht aus Schlesien

Ausgebombt – der Morgen danach

Panzer rollten über Menschen, Pferde und Wagen

ungeordnet und in umgekehrter Richtung. Auf den Kotflügeln der Lkw saßen, halb liegend, Soldaten, die mit vor Müdigkeit rot geränderten Augen den Himmel nach feindlichen Tiefliegern absuchten. Ihre Gesichter trugen die Spuren der Erschöpfung, ihre Uniformen waren zerschlissen und verdreckt.

Spät, und vielerorts viel zu spät, begann der Exodus der deutschen Bevölkerung aus den Ostgebieten, weil sie nicht rechtzeitig genug oder überhaupt nicht von den Behörden gewarnt worden war. Die Aufforderung zur Flucht passte eben nicht in die NS-Propaganda vom „Endsieg Deutschlands", und wer öffentlich daran Zweifel äußerte, machte sich der „Wehrkraftzersetzung" schuldig und musste mit der Todesstrafe rechnen. Aber als es dann ernst wurde, waren die Gau- und Kreisleiter die Ersten, die sich aus dem Staube machten.

Viele Flüchtlingstrecks wurden von den in weiten Zangenbewegungen vorstoßenden sowjetischen Truppen überholt und vom Weg nach Westen abgedrängt. Grauenhafte Szenen spielten sich ab. Die Russen, die Zerstörungen und Massenmorde in der eigenen Heimat vor Augen, übten blutige Rache. Standen ihnen Flüchtlingstrecks im Wege, rollten sie mit Panzern einfach über Menschen, Pferde und Wagen hinweg. Vielfach wurden die Trecks auch von sowjetischen Kampfflugzeugen mit Bomben und Bordwaffen angegriffen.

Drei Wochen waren wir mit Pferd und Wagen unterwegs. Wenn irgend möglich, mieden wir die großen Trecks, um besser voranzukommen. Als Orientierungshilfe diente eine Karte, die Mutter kurz vor der Abfahrt aus einem Schulatlas herausgerissen hatte. Die Route führte uns über vereiste Straßen,

Hier wurde eine ganze Familie ausgelöscht

die unsere Pferde nur bewältigten, weil sie kurz zuvor mit neuen, scharfkantigen Hufeisen beschlagen worden waren.

Vor Flussläufen, Bahnlinien und größeren Ortschaften sowie an Straßenkreuzungen stauten sich die Flüchtlingstrecks, in denen auch wir mehrfach stecken blieben. Viele Fuhrwerke waren von der spiegelglatten Fahrbahn in den Graben gerutscht oder Abhänge hinabgestürzt. Wir wurden Zeugen herzzerreißender Szenen, wenn Mütter ihre erfrorenen Babys auf freiem Feld begraben mussten. Und immer wieder gingen Gerüchte durch die Reihen der Wagen, dass „der Russe" schon längst vor uns stehe und Jagd auf Frauen mache. Die Angst war so groß, dass Mutter unseren Begleiter bat, notfalls uns alle vorher zu erschießen.

Doch wir kamen heil über die Oder, hinter der man sich in Sicherheit fühlen konnte, und wir sanken im ersten Ort todmüde in die riesigen Betten eines freundlichen Gastwirts-Ehepaares. Im Rundfunk berichteten sie von Hitlerjungen, die vielerorts mit Panzerfäusten russische „Panzerspitzen" abgeschossen hätten. Dass dabei die meisten von ihnen umkamen, wurde verschwiegen.

Der Tod kam vom Himmel

Auch im Westen und in der Mitte Deutschlands griff der Tod nach den Menschen. Dort kam er vom Himmel in Gestalt von Luftminen und Bombenteppichen, die alliierte Flugzeuge über den Großstädten abwarfen. In besonders gefährdeten Regionen wurden wir Kinder abends angezogen in die Betten gelegt, um bei Alarm schnell für den Umzug in die Keller und Luftschutzbunker bereit zu sein. Noch schlaf-

trunken schmiegten wir uns dann an die Mutter, ohne so recht ermessen zu können, was das Dröhnen und Krachen draußen zu bedeuten hatte. Manche Erwachsene brachten es sogar fertig, uns durch Schattenspiele oder lustige Geschichten so weit abzulenken, dass sich Kinderlachen in das Heulen und Pfeifen der Bomben mischte.

Doch viele andere Altersgenossen erlebten hautnah die Schrecken der Bombennächte – an der Hand der Mütter bei der panischen Flucht durch Straßen, denen der Sauerstoff durch den Feuersturm entzogen wurde, oder im verschütteten Keller beim verzweifelten Warten auf Rettung von außen. Zunehmend wurden die Städte auch bei Tage angegriffen. Dann verschwand die Sonne in den kilometerhoch aufsteigenden schwarzen Rauchwolken.

Die älteren Kinderjahrgänge entgingen vielfach dem Inferno, weil man sie aus den Ballungsgebieten in Lager und Heime auf dem Land evakuierte. Dort freilich ging es vor allem für die Buben hart zur Sache: Vorrangig wurde vormilitärische Ausbildung betrieben, begleitet von nationalsozialistischer Indoktrination, und die Freizeit war äußerst knapp bemessen.

Richtig gehungert haben wir während der Kriegsjahre eigentlich nie, weil das NS-Regime die Vorratswirtschaft gut organisiert hatte. Freilich wurden die wenigen Dinge, die man nur mit Lebensmittelmarken kaufen konnte, immer dürftiger. Wir Stadtkinder bekamen sehr schnell spitz, dass man sich mit Onkel oder Tante vom Lande besonders gut stellen musste, brachten sie doch bei Besuchen Obst und Gemüse oder auch mal ein Karnickel als Sonntagsbraten mit.

Bombenattentat auf Hitler scheitert

Die von NS-Gegnern geplante gewaltsame Beseitigung des NS-Regimes schlägt fehl: Eine am 20. Juli 1944 von Oberst Claus Graf Schenk von Stauffenberg (Foto) in das Führerhauptquartier „Wolfsschanze" bei Rastenburg in einer Aktentasche gebrachte Bombe verletzt Hitler nur leicht. Stauffenberg und andere werden standrechtlich erschossen. In einer Reihe von Schauprozessen gegen weitere prominente Verschwörer, darunter Generalfeldmarschall Erwin von Witzleben und der frühere Oberbürgermeister von Leipzig, Carl Goerdeler, werden zahlreiche Todesurteile verhängt und umgehend vollstreckt. Goerdeler sollte neuer Reichskanzler werden.

Die Zahl der im Zusammenhang mit dem 20. Juli Verhafteten beträgt rund 7000, die der Hingerichteten über 200. Erwin Rommel, der populärste deutsche General, wird zum Selbstmord gezwungen.

Wir Kinder noch selbst im „Einsatz"

Im Frühjahr 1945 kam der endgültige militärische Zusammenbruch Deutschlands. Jeder von uns damals Acht- oder Neunjährigen hat eine bewusste Erinnerung an die Endphase des Krieges, den wir zwar als etwas Bedrohliches, aber zugleich auch als etwas Naturgegebenes begriffen. Zum Schluss befanden wir uns für wenige Wochen sogar noch selbst im „Einsatz": Wir mussten Stanniol-Papierstreifen einsammeln, die von den alliierten Flugzeugen zur Störung der deutschen Radargeräte abgeworfen wurden.

Die Mahnung, bei Feindsicht sofort „volle Deckung" zu nehmen, war auch uns so in Fleisch und Blut übergegangen, dass wir häufig überreagierten. So zögerten wir nicht, uns bäuchlings selbst in einen mit Schneewasser gefüllten Straßengraben zu werfen, wenn in großer Höhe ein Bomberverband seinem fernen Ziel zusteuerte.

Wie Schutz suchende kleine Tiere

Während die Alliierten bei ihrem Einmarsch in Westdeutschland nur noch auf schwachen Widerstand stießen, kam es an der Oder und im Raum Berlin noch einmal zu außerordentlich erbitterten Kämpfen zwischen der Wehrmacht und der Roten Armee. Grauenvoll war die Lage in der von Bomben und danach durch sowjetische Artillerie zertrümmerten Reichshauptstadt. In den Kellern, die man tagelang nicht verlassen konnte, kamen wir uns wie kleine Tiere vor, die sich bei Gefahr in die Erde verkriechen.

Am 2. Mai 1945 kapitulierten die Verteidiger, doch viele unserer Mütter mussten noch einmal Schlimmes durchmachen: Russische Soldaten durchkämmten systematisch Häuser und Bunker nach Frauen und nahmen sie als Siegerbeute mit. Erst nach Wochen endeten die Exzesse.

Die Rotarmisten verhielten sich nun korrekt, doch die sich anbahnenden freundschaftlichen Kontakte waren eher von oben angeordnet, als dass sich aus Neigung etwa ein herzliches Verhältnis zwischen uns Kindern und den Besatzern entwickelt hätte. Und das hatte etwas mit Kaugummi zu tun, oder genauer gesagt mit dem Fehlen von Kaugummi und Schokoriegeln.

Bedingungslose Kapitulation

Der anfängliche weiträumige Vormarsch der Wehrmacht in Russland kommt im Frühjahr 1942 zum Erliegen, und mit dem Untergang der 6. Armee Anfang 1943 in Stalingrad zeichnet sich die Kriegswende an der Ostfront ab. Im Mai desselben Jahres kapitulieren die deutsch-italienischen Verbände in Nordafrika, nachdem ein Jahr zuvor der Vorstoß General Rommels nach Ägypten vor El Alamein gestoppt worden war. Nach großen Anfangserfolgen wird die deutsche U-Bootwaffe vom Jäger zum Gejagten und Görings Luftwaffe gerät überall ins Hintertreffen.

Im Frühjahr 1944 steht die Rote Armee bereits an der ehemaligen polnischen Ostgrenze, die Westalliierten landen am 6. Juni in der Normandie und befreien Frankreich. Ein letzter Versuch der Wehrmacht, die Initiative im Westen zurück-

zugewinnen, scheitert im Dezember mit der Ardennenoffensive. Auch der Einsatz von „Wunderwaffen" wie der Rakete V 2 und die Einberufung von Jugendlichen und alten Männern zum „Volkssturm" können die Niederlage nicht mehr abwenden. Nach dem Selbstmord Hitlers am 30. April 1945 kapituliert Deutschland am 8. Mai bedingungslos. 5,25 Millionen deutsche Soldaten und Zivilisten haben ihr Leben verloren.

In Ostasien kommt das Kriegsende nach dem Abwurf zweier amerikanischer Atombomben über Hiroshima und Nagasaki (6. und 9. August). Japan unterzeichnet die Kapitulationsurkunde am 2. September 1945.

Süße Herrlichkeiten aus Übersee

Die Sowjet-Soldaten waren arme Teufel, die nichts zu verschenken hatten. Briten und Franzosen waren auch nicht üppig ausgestattet. Aus vollen Händen gaben dagegen die wohlgenährten Soldaten aus Übersee, die GI's. Da sie generell kinderlieb waren, fühlten sie sich gedrängt, diese schöne Eigenschaft nun im besiegten Deutschland auszuleben, und wir waren die Nutznießer.

Geradezu zentnerweise waren die US-Boys aus der Heimat mit Schokolade, Nusscreme, Erdnussbutter und Kaugummi versorgt. Sie erschienen wie Wesen aus dem Schlaraffenland, wenn sie, selber ständig kauend, diese süßen Gummiplättchen an uns Kids verteilten. Freilich dauerte es eine ganze Weile, bis auch der letzte unserer Clique begriffen hatte, dass die zerknetschten Endprodukte nicht heruntergeschluckt werden durften.

Die GI's hatten ein Herz für Kinder

Jeder hatte seinen speziellen Gönner

Mit der Zeit entwickelten sich feste Freundschaften zu Sergeant Cooper, Corporal Stevenson oder wie sie alle hießen. Beim täglichen Besuch vor den Soldaten-Quartieren – meist Gutshöfe, frühere Amtsgebäude oder Kasernen – wartete dann jeder von uns nur noch auf seinen speziellen Gönner. Es waren sozusagen Exklusivrechte im Geben und Nehmen, die sich 1945 vor allem in den ländlichen Gebieten herausbildeten. In eingeschränktem Maße galt das auch für die britische und französische Besatzungszone.

In unseren Familien betrachtete man dieses Fraternisieren mit gemischten Gefühlen. Wenig begeistert reagierten die Mütter, wenn wir von unserem Freund aus Übersee einen Seesack voller schmutziger Wäsche mit nach Hause brachten, auf dass diese als Gegenleistung für diverse Süßigkeiten gereinigt werde; oder wenn man erst am späteren Abend heimkam, weil zuvor einer Einladung ins Soldatenkino nachgekommen wurde.

Selbst Gedrehte aus Ami-Kippen

Bemerkenswert auch unsere Tätigkeit in der Zigaretten-Produktion. Massenweise lagen überall die Ami-Kippen auf dem Boden. Ihr Inhalt wurde einer neuen Verwendung zugeführt, indem wir sie auflasen, aufpulten und den Resttabak in Blechdosen verwahrten. Voller Stolz gaben wir ihn dann bei ausgewiesenen Rauchern ab, die daraus und mit Hilfe von irgendwelchem Papier neue Glimmstängel herstellten. Dass die Sache nicht gerade hygienisch war, kam keinem ernsthaft in den Sinn.

Wenn nicht mehr geschossen wird, hat die Sanitätstruppe nicht viel zu tun. Das kam uns zugute. Denn wenn die Khaki-Uniformierten mit dem roten Kreuz am Arm Kinder mit blutig aufgeschlagenen Knien oder sonstigen kleinen Verletzungen sahen, erschienen sie mit Verbandsmaterial und allerlei Desinfektionsmitteln. Waren wir von ihnen verarztet, staunten am Abend unsere Eltern nicht schlecht, schenkten sie doch derlei Blessuren meist gar keine Beachtung.

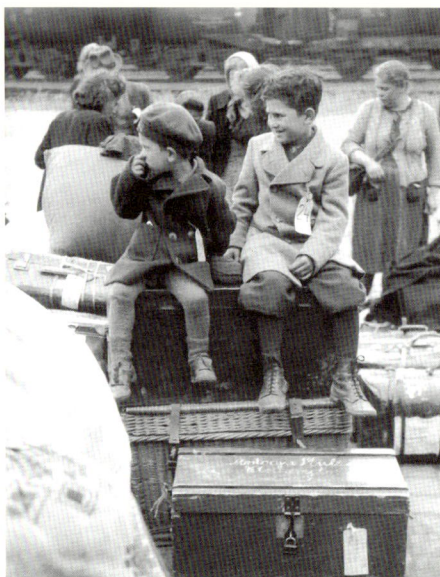

Vertriebene aus den Ostgebieten warten auf einem westdeutschen Bahnhof auf ihren Weitertransport. Den Kindern hat man aus Sicherheitsgründen Nummernschildchen angeheftet

Flucht und Massenvertreibung

Nach dem Zusammenbruch der deutschen Ostfront setzt einer der größten Flüchtlingsströme der Geschichte ein. Mehrere Millionen Deutsche flüchten mit Pferd und Wagen oder zu Fuß vor der anrückenden Roten Armee in Richtung Westen. 75 000 bis 100 000 Menschen kommen durch Gräuel russischer Soldaten ums Leben. Über zwei Millionen werden von der deutschen Kriegsmarine aus Brückenköpfen an der Ostsee gerettet, aber 20 000 gehen mit Schiffen unter, die von den Sowjets versenkt werden.

Unmittelbar nach Kriegsende beginnt die Vertreibung fast aller Deutschen, die noch im Sudetenland, in Polen und anderen osteuropäischen Ländern leben. Rund zwei Millionen kommen dabei um: Sie werden Opfer von brutaler, vielfach sadistischer Gewalt sowie Hunger und Seuchen. Am Ende sind es über elf Millionen Flüchtlinge und Vertriebene, die in den drei westalliierten und der sowjetischen Besatzungszone integriert werden müssen.

Statt Pillen bewährte Hausmittel

Hatte uns eine starke Erkältung gepackt, kamen zu Hause statt Pillen bewährte Hausmittel zum Einsatz: Heißer Kamillen- und Holundertee, Kartoffelumschläge und Schwitzkuren im Bett. Übrigens waren wir relativ immun gegen Infektionen. Vielleicht lag es daran, dass bei der Körperpflege und im Haushalt einfache Seifen und Scheuermittel verwendet wurden anstatt der heutigen zum Teil umweltschädlichen Spezial-Reinigungsmittel.

Hier sei noch auf einen intimen Aspekt unseres Daseins im Schatten der Besatzungsmächte hingewiesen. Befanden wir uns nämlich auf dem bekannten Stillen Örtchen, musste wegen des Fehlens spezieller Zubehör-Rollen bedrucktes Papier verwendet werden, das zuvor in handliche Stücke geschnitten wurde. Das wäre nun nicht weiter schlimm gewesen, wenn es sich um normales Zeitungspapier gehandelt hätte. Verfügbar waren jedoch nur anglo-amerikanische Magazine, und die bestanden aus Hochglanzpapier. Da bedurfte es schon einiger Geschicklichkeit und Geduld, um den gewünschten Zweck zu erzielen.

Hunger und Wohnungsnot in den Städten

Wer von uns also das Glück hatte, eine nahrhafte Beziehung zu Besatzungssoldaten zu unterhalten und dazu auch noch auf dem Lande zu leben mit Zugang zu den bäuerlichen Erzeugnissen, kam einigermaßen gut

Wie ein Geschenk des Himmels traf gerade noch rechtzeitig vor Weihnachten eine Sendung CARE-Pakete in diesem Kinderheim ein

durch die erste schwere Nachkriegszeit. Doch in den Städten herrschte zum Teil bittere Hungersnot. Verschärft wurde die angespannte Versorgungslage durch den Zustrom von Flüchtlingen und Vertriebenen aus dem Osten. Statt den von der UNO für nötig gehaltenen 2650 Kalorien täglich erhielt „Otto Normalverbraucher" über seine Lebensmittelkarte nur etwa 1500.

Hilfe kam aus Übersee: Millionenfach trafen aus den USA Lebensmittelpakete der Hilfsorganisation CARE ein. Sie enthielten Milchpulver, Büchsenfleisch, Fett, Kekse, Kakao und Schokolade – Dinge, die viele von uns Stadtkindern vor schweren gesundheitlichen Entwicklungsschäden bewahrten.

In den zerbombten Großstädten war die Wohnungsnot erdrückend. Wir lebten in den wenigen noch erhaltenen, aber überbelegten Häusern, in Kellern oder in Barackenlagern. Einen besonders trostlosen Anblick boten dort die so genannten Nissenhütten. Sie bestanden aus Holz und Wellblech, waren schlecht belüf-

tet und ließen kaum Tageslicht herein. Wie die sanitären Bedingungen aussahen, bleibe der Phantasie überlassen.

Die waren übrigens auch in den alten Mietshäusern nach heutigen Begriffen unzumutbar. Nicht immer gehörte zu jeder Wohnung ein Klosett, es gab auch Etagen-Toiletten. Es waren meist winzige Räume mit einem kleinen Fenster, das für etwas Helligkeit und für die Entlüftung sorgen sollte. Da aber in vielen Häusern diese Öffnungen zum Treppenhaus hin angebracht waren, herrschten dort den ganzen Tag über unangenehme Gerüche. Die Spülung erfolgte mit Hilfe einer emaillierten Wasserkanne aus Blech.

Das Straßenbild bestimmten Ruinen und Trümmerberge. Aber im Gegensatz zu den Erwachsenen hat uns das trostlose Umfeld nicht sonderlich bedrückt. Mit der Unbekümmertheit und dem Optimismus der Jugend arrangierten wir uns mit den Schuttbergen, so als ob es sie immer gegeben hätte und nutzten sie als Abenteuer- und Spielplätze.

Der Weg zur Schule führt durch eine Trümmerland-schaft, doch diese Kinder können trotzdem lachen

Schweres Los der Vertriebenen

Ein bitteres Schicksal hatten die Millionen von Menschen, die nach Kriegsende aus den deutschen Ostgebieten vertrieben wurden. Konnten sie keine bestimmte Adresse angeben, wurden sie solchen Regionen zugeteilt, in denen die Wohnverhältnisse noch einigermaßen erträglich erschienen. Mehrere Schübe von Vertriebenen erreichten auch unsere Gemeinde. Man versammelte die Menschen, deren Hab und Gut nur aus ein, zwei Koffern bestand, zunächst auf dem Schulhof. Dann wies der Bürgermeister die einzelnen Familien bestimmten Häusern zu.

In einem Fall blieb eine Mutter mit drei Kindern als Letzte übrig. Die Wohnung, die man ihr schließlich zuteilte, stand seit längerer Zeit leer, weil ständig Wasser eindrang. Doch in den folgenden Wochen wetteiferten die Einheimischen darin, die Räume bewohnbar zu machen. Und um die Erstausstattung der Kinder mit Spielsachen kümmerten wir uns, angeregt durch einen engagierten Lehrer. Die Lebensbedingungen der Flüchtlinge und Vertriebenen waren anfangs generell erbärmlich. Hatte ein Kind Geburtstag, mussten schon mal ein Paar selbst gestrickte Socken oder eine Haarschleife als Geschenk genügen.

Schnell ein paar Hände voll Kohlen vom Waggon geholt, bevor Bahnpersonal oder die Polizei auftauchen

Rund sechs Millionen Juden umgebracht

Auf der berüchtigten Wannsee-Konferenz in Berlin am 20. Januar 1942 schafft das NS-Regime die organisatorischen Voraussetzungen für den Massenmord an den Juden. Der 1962 in Israel hingerichtete SS-Gruppenführer Adolf Eichmann hält die Beschlüsse in einem Protokoll fest. Danach sollen die Staaten Europas von den Juden als „tierisches Ungeziefer" gesäubert werden. Am Ende werden es rund sechs Millionen Menschen sein, die in den Konzentrationslagern umgebracht wurden.

Im Warschauer Ghetto schlagen im Mai 1943 SS-Verbände einen Aufstand der jüdischen Bewohner nieder. 56 000 Juden sterben im Kampf.

Zu einem erschütternden Dokument der Judenverfolgung wird das im Juni 1942 begonnene Tagebuch des jüdischen Mädchens Anne Frank (Foto). Darin erzählt die 13-Jährige von ihrem Leben im Versteck in Amsterdam. Im August 1944 wird sie nach einer Denunziation von der SS deportiert. Im März 1945 stirbt Anne Frank im KZ Bergen-Belsen.

„Kohlenklau" wurde zum „Fringsen"

Abenteuer der besonderen Art erlebten wir gemeinsam mit unseren Eltern, wenn es darum ging, Brennmaterial für die heimischen Öfen zu organisieren. Das ist eine freundliche Umschreibung des in jenen Tagen allgemein praktizierten „Kohlenklaus": Man pirschte sich an Güterzüge heran, die vor ihrer Entladung irgendwo auf freier Strecke standen und stopfte so viel wie möglich von dem „schwarzen Gold" in die mitgebrachten Taschen und Rucksäcke. Wir Kinder mussten dann häufig Schmiere stehen. Nachdem der Kölner Erzbischof Josef Frings den Diebstahl zur Erhaltung von Leben und Gesundheit öffentlich gerechtfertigt hatte, machte in Deutschland das Wort vom „Fringsen" – dem moralisch erlaubten Kohlenklau – die Runde.

Neben der Schule noch viele kleine Pflichten

Das 11. bis 14. Lebensjahr

Tauschgeschäfte in Stadt und Land

Auch in den ersten beiden Nachkriegsjahren mussten die Deutschen ums nackte Überleben kämpfen. Erst später verbesserte sich als Folge der Währungsreform von 1948 die wirtschaftliche Situation. Lebensmittel, Heizmaterial und Kleidung waren überall Mangelware und oft nur auf dem Schwarzmarkt zu haben. Besonders bedrückend war die Situation in der sowjetischen Besatzungszone, weil dorthin so gut wie gar keine Hilfslieferungen von außen gelangten. In den Städten der West-Zonen schossen Tauschläden aus dem Boden, in denen sich jeder das besorgen konnte, was er gerade am dringendsten benötigte. Gleichzeitig zogen die Städter in Scharen zu Tauschgeschäften aufs Land.

Waren wir Stadtkinder, lief uns das Wasser im Mund zusammen, wenn Mutter mit einem Stück Schinken, einem Topf Sirup oder einem Huhn vom „Hamstern" nach Hause kam. Dass sie sich dafür von einem Teil ihres guten Geschirrs als Zahlungsmittel trennen musste, erzählte sie uns nicht. Waren wir Kinder vom Lande, staunten wir über so manche Kostbarkeit wie Silberbestecke und Schmuckstücke, die für einige Beutel Kartoffeln oder Hülsenfrüchte auf den Tisch des Hauses gelegt wurden.

Ein erhebliches Risiko gingen Ostdeutsche ein, wenn sie, meist des Nachts und auf Schleichwegen, in die Westzonen kamen, um ebenfalls lebenswichtige Dinge einzutauschen. Wurden sie von Grenzern erwischt, drohten unangenehme Verhöre und Strafen.

Chronik

10. Januar 1946
Delegierte aus 51 Staaten kommen in London zur ersten Vollversammlung der sechs Monate zuvor gegründeten UNO zusammen. Als vorrangiges Ziel wollen die Vereinten Nationen eine dauerhafte Friedensordnung in der Welt schaffen.

22. April 1946
In der Sowjetzone wird die SPD mit der KPD zur „Sozialistischen Einheitspartei Deutschlands" (SED) zwangsvereinigt.

12. März 1947
Amerikas Präsident Truman kündigt vor dem Kongress an, dass die USA allen durch kommunistische Bewegungen und Staaten bedrohten Ländern wirtschaftliche und militärische Hilfe gewähren wollen. Die „Truman-Doktrin" wird zum Prinzip der US-Außenpolitik.

18. August 1947
Hannover wird Messestadt: Rund 1300 deutsche Firmen stellen auf der ersten Exportmesse ihre Erzeugnisse einem internationalen Publikum vor.

14. Mai 1948
In Tel Aviv proklamiert David Ben Gurion gegen den Widerstand der Araber den Staat Israel. Bereits am folgenden Tag greifen arabische Truppen an, werden aber zurückgeschlagen. Der Nahost-Konflikt bleibt bis in die Gegenwart ungelöst.

19.–21. Juni 1948
Mit der Währungsreform löst in den Westzonen die Deutsche Mark die bisherige Reichsmark ab. Wenige Tage später sind die Lebensmittelläden mit den bis dahin zurückgehaltenen Waren prall gefüllt.

4. April 1949
In Washington wird das Nordatlantische Verteidigungsbündnis (Nato) gegründet. Außer den USA und Kanada gehören ihm zunächst zehn europäische Staaten an.

14. August 1949
Aus der ersten Bundestagswahl geht die CDU/CSU als Sieger hervor. Unter Kanzler Konrad Adenauer wird Wirtschaftsminister Ludwig Erhard zum „Vater des Wirtschaftswunders".

Hamstern auf dem Lande

Häufig wurden sie von Ortskundigen über die grüne Grenze gelotst, die damals noch nicht vermint war. Die Menschen, die das Wagnis immer wieder auf sich nahmen, nannte man im Westen „Grenzgänger", und immer schwang bei dieser Bezeichnung ein Stück Hochachtung mit.

Puppe für ein Paar Gummischuhe

Auch unser Spielzeugbedarf konnte nur auf dem Tauschwege gedeckt werden. Der Kurs etwa für eine Puppe, natürlich aus zweiter oder dritter Hand, stand günstig: Man bekam sie bereits für ein Paar gebrauchte Gummischuhe oder ein ähnliches profanes Alltags-Utensil. Einen flotten Handel, freilich verdeckt und verschämt, gab es mit Zinnsoldaten, Panzermodellen und Kriegs-Brettspielen aus Führers Zeiten.

Auch sonst war, da es neue Spielsachen noch kaum zu kaufen gab, unser Equipment reichlich veraltet. Wir fuhren mit Tretrollern der Baureihen 1930 bis 1940 und bemannten alte Bollerwagen, um mit ihnen Bergab-Schussfahrten auf den Straßen zu veranstalten. Zogen wir ins Wildwest-Manöver, mussten Stöcke als Gewehre und gekrümmte Holzstücke als Revolver herhalten. Pfeil und Bogen wuchsen, ihrer handwerklichen Erlösung harrend, in irgendeinem Busch.

Solide Drachen Marke Eigenbau

War im Herbst Drachensteigen angesagt, wurden selbige ebenfalls in Eigenproduktion angefertigt: Zwei Latten über Kreuz genagelt, braunes Packpapier darüber gezogen, eine papierbesetzte Schnur als Heckschwan und fertig war das Luftgefährt. Die Drachen der Marke Eigenbau waren in der Regel so robust, dass sie mehrere Abstürze hintereinander ohne Totalschaden überstanden.

Immerhin kamen für die Mädchen schon frühzeitig neue, wenn auch äußerst einfache Spielartikel auf den Markt. Sehr beliebt waren Anziehpuppen aus Papier, die ebenso ausgeschnitten werden mussten wie eine Reihe dazu gehörender Kleider. Durch Variierung der einzelnen Stücke konnten Stilempfinden und Modegeschmack eingeübt werden. Außerdem gab es Lackbildchen zum Einkleben ins Poesiealbum. Die Motive, kitschig-süß, waren Rosen und Vergissmeinnicht, Engelsköpfe oder mit Blumen geschmückte Musikinstrumente. Auf der Straße spielten die Mädchen „Hickelhäuschen": Nach bestimmten Regeln wurde in mit Ziffern versehene Felder gesprungen, die mit Kreide auf die Fahrbahn gezeichnet waren.

Vergnügungsfahrt mit Opa

Bollerwagen als Allzweck-Fahrzeug

Doch noch einmal zurück zum Bollerwagen, der in den ersten Jahren nach 1945 als Allzweck-Fahrzeug für Jung und Alt unverzichtbar war. Es handelte sich um einen einfach konstruierten kleinen Leiter- oder Kastenwagen mit Speichenrädern aus Holz und einer Deichsel mit zwei Handgriffen. Mit Bollerwagen wurde einfach alles transportiert: Kohlen, Kartoffeln, Holz, Milchkannen, Kinder oder auch mal gehbehinderte alte Menschen. Sie wurden gezogen von dem Bauer, der in seinem Garten Kohlköpfe erntete, ebenso wie von dem Professor, der von der Stadt aus zu einer stundenlangen Überlandtour aufbrach, um Lebensmittel einzutauschen.

Die Jugend, durch ausgiebige Karl-May-Lektüre auf abenteuerliche Exkursionen in die Natur eingestimmt, rüstete die Boller- zu Planwagen um, indem über seitlich aufgesteckte Latten eine alte Zeltbahn gelegt wurde. Unterwegs

Auf dem Kriegspfad

sammelten wir Fallobst als Wegzehrung ein und verlebten, im Wagen zusammengekauert, herrlich unbeschwerte Stunden, vor allem, wenn es draußen stürmte oder regnete. An Wochenenden, wenn die Eltern mit uns zum Picknick ins Grüne wanderten, wurde der Bollerwagen zum Proviantfahrzeug. Die Ladung bestand aus einer Schüssel Kartoffelsalat, Brötchen und einer Kanne gesüßtem Essigwasser. Gelagert wurde auf einer Zeltplane der früheren Wehrmacht.

Mutproben in der Scheune

Herrschte Regenwetter, zog es die Landjugend in die Scheunen. Wir balancierten zwei Stockwerke hoch über die Balken, um uns dann in die Tiefe in das unten gelagerte Heu oder Stroh zu stürzen. Die Sprünge galten als Mutprobe, der sich auch Mädchen unterzogen. Niemand von den Erwachsenen kam auf die Idee, uns bei diesem nicht ungefährlichen Treiben zu kontrollieren: Häufig waren Ackergeräte wie Pflü-

ge und Eggen unter dem Heu verborgen oder die Auflage war zu dünn. Jedenfalls hatten wir mehr als einmal recht unsanfte Landungen, die zu blauen Flecken und Verstauchungen führten.

Schwindelfrei wie wir waren, verfügten wir auch über ein zünftiges Baumhaus in einer riesigen Buche mit weit ausladenden Ästen. Die erforderlichen Bretter und Balken waren mit Stricken hochgezogen und oben zusammengenagelt worden. Wie Affen tobten wir in dem Geäst umher und hielten es für völlig ausgeschlossen, nach einem falschen Griff abzustürzen. Im Baumhaus eingelagert waren Brotstullen und Wasserflaschen. Machte sich eine gewisse menschliche Regung bemerkbar, dachten wir gar nicht daran, deshalb unsere grüne Burg zu verlassen. Nein, dann setzte man sich eben auf eine dafür bestimmte Astgabel und ließ den Dingen ihren freien Fall. Erst nachdem uns dabei eine pensionierte Lehrerin beobachtet und es zu Hause ein heftiges Donnerwetter gesetzt hatte, verzichteten wir auf diese unappetitliche Praxis.

Bratkartoffeln mit Kaffeesatz

Unser Appetit am Mittagstisch litt nicht im mindesten darunter, dass den Bratkartoffeln in der Pfanne statt Speck Kaffeesatz beigegeben wurde, oder dass der Gulasch, wenn es ihn denn mal gab, mit Brotstückchen verlängert war. Auch die aus der Not geborene vegetarische Leberwurst fand anstandslos den Weg in unsere Mägen; sie war eine Mischung aus Mehl, Hefe, Kräutern und kräftigen Gewürzen.

Die Erfrischungsgetränke wurden aus Leitungswasser und Brausepulver zubereitet. Das Brausepulver, rot oder grün, gab es in kleinen Papiertütchen zu kaufen. Wir schlürften es gern auch im Trockenzustand von der Handfläche und genossen den komprimierten süß-sauren Geschmack. Beliebt waren auch „Karamellbonbons", die auf dem heimischen Herd aus Gerstenkörnern und Zucker hergestellt wurden.

An Obst wurde nur das verzehrt, was in den Gärten und beiderseits der Landstraßen wuchs. Die nämlich waren damals gesäumt von Apfel- und Birnbäumen, von denen man gegen einen Obolus einen oder mehrere für sich reservieren lassen konnte, um sie im Herbst abzuernten. Die Früchte wurden auf Holzregalen im Keller gelagert oder zu Mus verarbeitet. Wir Kinder hatten schnell herausgefunden, wo besonders erlesene Obstsorten angebaut waren. Jedenfalls haben wir Äpfel von einer Qualität gegessen, die heute in den Massenauslagen der Kaufhäuser nicht zu finden sind. Exotische Südfrüchte gab es nicht. Erst im Juni 1949 traf erstmals eine Ladung Bananen aus Übersee in Deutschland ein.

Ohne Strümpfe oder gleich barfuß

Die Jugend der späten vierziger Jahre schmückte sich nicht mit „cooler Markenkleidung", sondern musste überwiegend mit selbst genähten oder umgeänderten Kleidungsstücken vorlieb nehmen. So wurden alle noch vorhandenen Militärmäntel und sonstige alte auf dem Boden aufgefundene Textilien aufgetrennt und mit Hilfe von fußbetriebenen Nähmaschinen einer neuen Verwendung zugeführt. Die Mädchen trugen, um ihre Kleider zu schützen, werktags oft Schürzen, die auch in der Schule nicht abgelegt wurden. Und wenn es die Temperaturen erlaubten, ließ man uns ohne Strümpfe oder gleich barfüßig aus dem Haus. Die Ausstattung an Schuhen betrug nicht mehr als ein bis zwei Paar.

Mit der Schürze in die Schule

Essen fassen in der großen Pause

Mit dem Henkelmann in die Schule

Weil viele Kinder vor allem in den Städten Mangelerscheinungen hatten, wurde die Schulspeisung eingeführt. Sie bestand aus Kakao und gelber Erbswurstsuppe, die nur mäßig schmeckte, aber nahrhaft war. Das Essgeschirr brachte jeder selber mit: Einen Becher und ein Metalltöpfchen mit dünnem Metallbügel, den so genannten Henkelmann. Gegessen wurde in der großen Pause. Danach waren die beiden Behältnisse, die meist nicht aufgewaschen wurden, ekelhaft verklebt. Damit sie nicht die Schulhefte verschmierten, behielten wir sie auf dem Heimweg in den Händen oder befestigten sie mittels Schnüren außen am Tornister.

Stramme Sitten herrschten an den Schulen, nicht im Entferntesten zu vergleichen mit den heutigen Freizügigkeiten. Die Lehrer hielten auf strenge Zucht, handhaben ihre Lineale mitunter als Züchtigungsmittel und waren schnell bei der Hand, uns zu einer Stunde Nachsitzen zu verdonnern.

„Strafarbeiten" – damals konnte man sie auch noch so nennen – mussten wegen der Knappheit an Papier zum Teil auf Zeitungsränder geschrieben werden, etwa hundertmal „Ich darf im Unterricht nicht schwätzen".

Wir hatten unbedingten Respekt vor unseren Lehrern, was uns gleichwohl nicht davon abhielt, den einen oder anderen richtig gern zu haben. „Es sind eigentlich alles feine Kerle", heißt es über die Pauker in dem Rühmann-Film „Die Feuerzangenbowle". Im Rückblick auf unsere Schulzeit können wir dem nur zustimmen.

„Trümmerfrauen" ersetzen die Männer

Berge von Trümmerschutt müssen in Deutschlands Städten beseitigt werden, doch es fehlt zunächst an Arbeitskräften, weil viele Männer noch in Kriegsgefangenschaft sind. Der alliierte Kontrollrat erlässt daher am 10. Juli 1946 ein Gesetz, wonach die Beschäftigung von Frauen und Kindern ab 14 Jahren bei Aufräumungsarbeiten erlaubt ist. Dabei müssen wegen des Mangels an Baustoffen noch intakte Ziegelsteine vom Mörtel befreit werden (Foto), um sie später wiederzuverwenden. Die „Trümmerfrauen" gehen in die Nachkriegsgeschichte ein.

Eiserner Vorhang und Kalter Krieg

Nach dem Zweiten Weltkrieg ist die Alte Welt, der europäische Kontinent, ausgepowert. Deutschland liegt in Schutt und Asche, die Wirtschaft auch in den anderen Ländern am Boden. Die neuen Machtzentren heißen USA und Sowjetunion. Aus den beiden früheren Verbündeten werden Gegner, als die UdSSR damit beginnt, alle osteuropäischen Staaten durch massiven Druck einschließlich der Förderung von Staatsstreichen in ihren Machtbereich zu zwingen.

Zum Ende der Dekade senkt sich quer durch Europa der Eiserne Vorhang nieder, der den kommunistischen Ostblock vom „Freien Westen" trennt. Das politische Klima wird frostig, und die Angst geht um, dass aus dem „Kalten Krieg" ein heißer, atomar geführter Dritter Weltkrieg wird.

Im geteilten Deutschland entstehen 1949 mit der Bundesrepublik und der DDR zwei Staaten, die den jeweiligen Machtblöcken angehören. Konrad Adenauer, der erste Bundeskanzler, betreibt die Westintegration der aus freien Wahlen hervorgegangenen „Bonner Republik" als vorrangiges politisches Ziel. Die staatliche Ordnung der DDR mit dem ersten Präsidenten Wilhelm Pieck beruht auf einem bereits 1946 eingeleiteten stalinistischen Repressionskurs und entbehrt der demokratischen Legitimation.

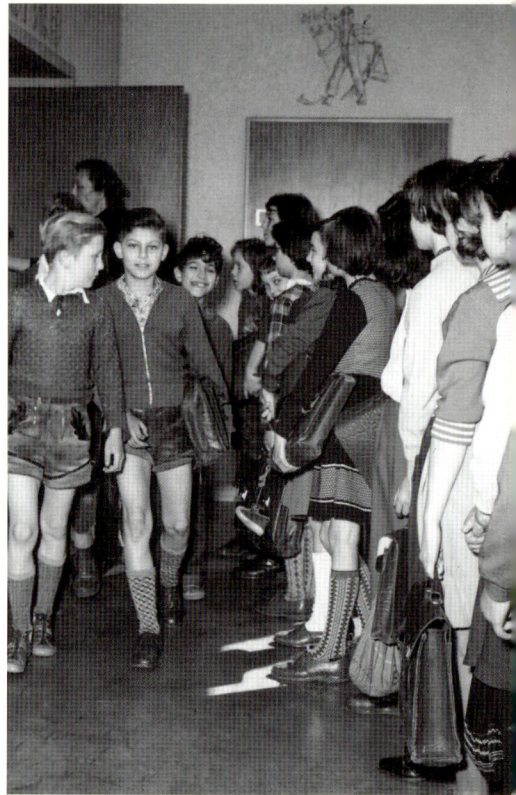

Schichtunterricht: Die „Vormittagsschüler" verlassen den Klassenraum, während die nächste Gruppe bereits wartet

„Für den Unterricht genehmigt ..."

Disziplin im Unterricht tat auch angesichts der überfüllten Klassenräume dringend Not. Wenn sich 50 bis 60 Schüler in einem Raum zusammendrängten, war das keine Seltenheit. Ursache war der große Mangel an Schulgebäuden. In den zerbombten Großstädten musste man zum „Schichtunterricht" übergehen, bei dem die Kinder – meist wöchentlich wechselnd – an Vor- und Nachmittagen unterrichtet wurden. Miserabel war die Ausstattung mit Lernmaterial. Als etwas Besonderes galt schon der Besitz eines Bleistifts mit Radiergummi am Ende, sie kamen über die CARE-Pakete aus Amerika nach Deutschland. Die Schulbücher trugen einen Stempelvermerk der jeweiligen Besatzungsmacht, der beispielsweise lautete: „Für den Unterricht genehmigt von der US-Militärregierung."

Große Klassenfahrten verboten sich aus verschiedenen Gründen von selbst. Aber auch die Ausflüge auf Schusters Rappen in die nähere Umgebung boten uns eine willkommene, Vergnügen bereitende Abwechslung. Verfügte der Lehrer über eine gute Connection, ließ er die

Wanderroute an einer der damals noch zahlreichen Molkereien vorbeiführen. Dort wurde dann aus großen Kannen kostenlos Milch ausgeschenkt. Auch Aufenthalte in Zeltlagern wurden organisiert, allerdings unter recht primitiven Bedingungen etwa im Hinblick auf die sanitären Einrichtungen.

Aufnahmeprüfung fürs Gymnasium

Auf das Gymnasium gelangte man erst nach einer Aufnahmeprüfung, die manchmal einen ganzen Tag dauerte. Das war nun ganz und gar nicht lustig, wenn wir uns inmitten fremder Altersgenossen und beaufsichtigt von gestrengen, meist älteren Lehrkräften in einem großen ungemütlichen Raum wiederfanden, um die Liste der gestellten Aufgaben abzuarbeiten. Als Folge von Krieg und Nachkriegszeit war der Wissensstand der Grundschüler zu unterschiedlich, als dass von einer fairen, gerechten Chance für alle gesprochen werden konnte. Immerhin bestand die Möglichkeit einer Nachprüfung für diejenigen, die es im ersten Anlauf nicht schafften.

Schüler aus dem Umland waren, weil es kaum Busverbindungen gab, auf das Fahrrad angewiesen, wenn sie die „höhere Lehranstalt" besuchen wollten. Das waren zumeist alte und viel zu große Drahtesel. Es kam vor, dass die Sextaner statt auf dem Sattel auf der mit einer dicken Decke umwickelten Längsstange sitzen mussten. An größeren Steigungen hingen wir uns mit einer Hand an die Ladeflächen der langsam fahrenden Holzvergaser-Lkw und ließen uns hinaufziehen. Die Männer im Führerhaus hatten nichts dagegen. Polizei ließ sich nicht blicken, weil die Verkehrsdichte auf den Überlandstraßen minimal war.

Mit dem Fahrrad über Land zur Schule

Todesurteile gegen Kriegsverbrecher

Der Internationale Gerichtshof in Nürnberg fällt am 1. Oktober 1946 die Urteile gegen die nationalsozialistischen Hauptkriegsverbrecher. Zwölf der 21 Angeklagten werden zum Tode verurteilt, darunter Außenminister Joachim von Ribbentrop, die Generäle Wilhelm Keitel und Alfred Jodl sowie Hermann Göring, Oberbefehlshaber der Luftwaffe und einer der ersten Weggefährten Hitlers. Einen Tag vor dem Hinrichtungstermin nimmt sich Göring am 15. Oktober mit einer Giftkapsel das Leben.

Berliner Schüler beobachten den Anflug amerikanischer Transportmaschinen nach Tempelhof

„Rosinenbomber" unterlaufen Berlin-Blockade

Mit einer Sperrung aller durch die sowjetische Besatzungszone führenden Land- und Wasserwege von der Bundesrepublik nach Berlin versucht Moskau, die Westalliierten zur Aufgabe ihrer Westsektoren zu bewegen und damit die Stadt ganz unter ihre Kontrolle zu bringen.

Die Blockade, die am 24. Juni 1948 beginnt, wird jedoch von den Westmächten durch eine beispiellose Luftbrücke unterlaufen. Tag und Nacht bringen Flugzeuge, im Volksmund bald „Rosinenbomber" genannt, lebenswichtige Güter nach Berlin. Am 12. Mai 1949 heben die Sowjets die Blockade auf.

Küchen- und Kellerdienst

Schulstress hin, Schulstress her – auch bei der Bewältigung des heimischen Haushalts hatten wir 10- bis 13-Jährigen ein festes Pflichtprogramm zu erfüllen. Als „Mü-Ka-Ko" beispielsweise war man dafür verant-

wortlich, dass der Müll entsorgt und aus dem Keller täglich die Kartoffeln und Kohlen heraufgeschafft wurden. Und wenn die Holzdielen gewachst und gebohnert werden mussten, war es für uns Jungen Ehrensache, den schweren Bohnerbesen in kraftvolle Tätigkeit zu setzen.

Die Mädchen mussten in der Küche mit ran, wenn es galt, Bohnen zu „schnippeln", Erbsen zu „döppen" oder für Marmelade bestimmte Johannisbeeren „abzustrippen". Tiefgefrorene und vakuumverpackte Lebensmittel sollten erst viele Jahre später die Arbeit der Hausfrauen erleichtern. Es gab noch nicht den schnellen Griff in einen Kühl- oder Eisschrank, um ein Essen zusammenzustellen und auch noch keine elektrischen Küchengeräte.

Den Kartoffelbrei stellte man selber her, indem man gekochte Erdäpfel mit einiger Kraftanstrengung durch die Handpresse drückte oder sie mit einem Stampfer aus Holz zerquetschte. Zu den morgendlichen Standard-Lauten aus der Küche gehörte das gemächliche Mahlgeräusch der handbetriebenen Kaffeemühle: Während man sie drehte, hielt man sie zwischen den Knien fest und schaute ab und an oben rein, um das Verschwinden der Kaffeebohnen im Mahlwerk zu beobachten.

Im Sommer war Einmachzeit. Dann köchelten die Weckgläser, gefüllt mit Obst und Gemüse, unterschiedlich lange im Wecktopf vor sich hin. In den folgenden Wochen dann immer wieder Kontrollgänge in den Keller: Hielten die mit Gummiringen unterlegten Glasdeckel dicht? Oft taten sie es nicht, so dass die guten Sachen umgehend verzehrt werden mussten.

Jeder Dritte sieht Heimat nicht wieder

Während sich in Deutschland das Leben langsam wieder normalisiert, muss der größte Teil der 3,2 Millionen deutschen Kriegsgefangenen in Russland bis zu zehn Jahre schwere Zwangsarbeit leisten. Die Todesrate durch Hunger und Kälte ist erschreckend hoch. Die ersten Heimkehrer-Transporte zwischen 1947 und 1949 umfassen lediglich Männer, die aufgrund ihres schlechten Gesundheitszustandes als arbeitsunfähig gelten. Viele von ihnen überleben nicht die tagelange Fahrt in Güterwaggons. Insgesamt kommen rund eine Million Soldaten in sowjetischer Kriegsgefangenschaft um, so dass jeder Dritte die Heimat nicht wiedersieht.

Auf unserem Bild begrüßt eine Frau im Durchgangslager Friedland bei Göttingen ihren Bruder, den sie über zehn Jahre lang nicht gesehen hat.

Sauerkraut in Steinguttöpfen

Eine weitere spannende Angelegenheit war die Herstellung von Sauerkraut. Dabei wurde geschnitzeltes Weißkraut in großen Steinguttöpfen eingelagert und an der Oberfläche mit einem Brettchen und einem Stein be-

schwert. Die natürliche Gärung bis zum Sauerkraut konnte man ständig beobachten. Einmal mehr nahmen wir so den Ablauf von Zeit nicht als etwas Angsteinflößendes, sondern als einen positiven Faktor wahr.

Auch das Entstehen von Dickmilch verfolgten wir mit Wohlwollen. Die Milch, die man damals im Laden oder beim Milchmann auf der Straße kaufte, war nicht pasteurisiert. Füllte man sie für einige Tage in irdene Schälchen, wurde sie säuerlich wie der heutige Joghurt, und auf seiner Oberfläche bildete sich eine dicke Schmandschicht. Mit Zucker und Zimt bestreut, war Dickmilch ein köstlicher Nachtisch.

In Schwaden von Wasserdampf

Ein für die Hausfrauen strapaziöses Ereignis war der große Waschtag einmal im Monat. Dann verschwanden unsere Mütter für viele Stunden in Schwaden von Wasserdampf, die sich über den großen, mit Kohle geheizten Waschkesseln im Keller bildeten. Mit einem riesigen Holzlöffel wurde der stoffliche Inhalt während des Auskochens getunkt, herumgerührt, dann herausgenommen, um in einem Bottich gewaschen zu werden. Anschließend wurde alles mit klarem Wasser ausgespült, mit den Händen oder einer Mangel ausgewrungen und zum Bleichen nach draußen gebracht. An solchen Tagen war die Wiese für Spiele aller Art gesperrt. Dass wir häufig Schimpfe bekamen, wenn wir mit verschmutzter Kleidung nach Hause kamen, war von der Plage der Reinigungsprozedur her durchaus verständlich.

Die gerade geernteten Kartoffeln müssen sortiert werden

Kartoffeln aus dem offenen Feuer

Zu unseren angenehmen Haushalts-pflichten zählten kleinere Einkäufe im „Tan-te-Emma-Laden" und beim Bäcker. Beim Kaufmann schauten wir gebannt in große Holzfässer, wenn aus ihnen Heringe oder Gurken zu Tage gefördert wurden. Die Bäckerei verließen wir zumeist mit einem noch warmen großen Laib Brot unter dem Arm, dessen besonderer Vorzug darin bestand, an den beiden Enden dicke Krusten ausgebildet zu haben. Die bissen wir während des Heimwegs ratzeputz ab, aber so geschickt, dass die Freveltat zu Hause unentdeckt blieb. Die Bäcker boten in jener Zeit kaum mehr als eine Brotsorte an, setzten aber dafür auf mehr Gewicht: die Laibe konnten schon mal vier bis sechs Pfund wiegen.

Für die Landjugend war es selbstverständlich, auf dem Feld mit auszuhelfen, wenn Not am Mann war, sei es beim Rüben-Verziehen oder bei der Kartoffelernte. Begann es zu dämmern, pflegte man eine Handvoll Erdäpfel in offenem Feuer zu rösten, bis ihre Schalen schwarz wurden. Das gab ihnen einen wunderbar erdigen Geschmack. In den Wäldern trafen wir auf Gleichaltrige aus der Stadt, wenn sie zusammen mit Erwachsenen Heidelbeeren, Bucheckern als Nussersatz oder Holz und Tannenzapfen sammelten. Letztere eigneten sich hervorragend zum Anfeuern der Öfen. Als Briketts auf den Markt kamen, legten unsere Eltern vor dem Zu-Bett-Gehen eines in die Feuerstelle des Küchenherds, nachdem sie es in feuchtes Papier gewickelt hatten. Auf diese Weise blieb die Glut bis zum Morgen erhalten.

Für diesen kleinen Dreckspatz genügt ein Waschzuber

Notfalls tat es auch eine alte Zinkwanne auf dem Hof

Badefreuden in der Küche ...

Die Küche war Dreh- und Angelpunkt des Familienlebens. Da der Herd meist immer Wärme ausstrahlte, die übrigen Zimmeröfen dagegen aus Ersparnisgründen oft kalt blieben, diente die Küche im Winter und an kühlen Sommertagen auch als Esszimmer, als Lernzimmer für uns Kinder, als allgemeiner Feierabend-Raum – und als Badezimmer. Gekachelte Räume mit Badewanne und Dusche waren nämlich damals noch keineswegs Wohnungs-Standard.

In die Bütt wurden wir einmal in der Woche gesteckt, und zwar meistens am Samstagabend. Das ging so vonstatten: Mutter setzte einen großen Topf mit Wasser auf den Herd und kippte es, wenn es heiß genug war, in eine schmale Zinkwanne, die mitten in die Küche gestellt worden war. Die bestiegen wir Geschwister dann nacheinander zum löblichen Werk der Ganzkörper-Reinigung, die in einer bestimmten Zeit vollendet sein musste. Das Badewasser wurde jeweils nicht ausgetauscht, wohl aber durch Zugaben aus dem Herdtopf ergänzt, was den unvermeidlichen Qualitätsverlust des Wanneninhalts einigermaßen milderte. Mit dem Wasser konnte man dann noch, wenn alle durch waren, den Holzdielen-Boden schrubben.

... und im Blutegel-Tümpel

Zimperlichkeit war auch fehl am Platz beim Baden im freier Natur. Flüsse, Seen und Teiche waren die Gewässer, in denen wir uns im Sommer vorzugsweise tummelten. Das heute flächendeckende Netz von Freibädern entstand erst später. Selbst Tümpel waren vor uns nicht sicher. Die undurchsichtige, gelbbraune Brühe ermöglichte es Schwimm-Unkundigen, in gehockter Stellung über den Grund zu laufen, aber gleichzeitig an der Oberfläche durch entsprechende Armbewegungen richtige Schwimmstöße vorzutäuschen. So etwa alle zehn Minuten mussten wir eine Badepause einlegen, um lästige Quälgeister loszuwerden: Blutegel, die sich am Körper festgesogen hatten.

Einstieg in den Papierhandel und in die Medienwelt

Eines Tages wurden wir Zeuge, wie ein Lkw, der Altpapier geladen hatte, in einer Kurve einen großen Ballen verlor. Das weckte unseren Geschäftssinn. Überschlagsweise stellte dieser Papierballen den Gegenwert mehrerer Fahrtenmesser dar, die wir uns schon lange wünschten. Zu viert gründeten wir quasi eine Firma für Rohstoff-Verwertung, hievten den Papierklumpen in einen Bollerwagen und transportierten unsere kostbare Fracht zehn Kilometer weit bis in die nächste Stadt, wo es eine Papierfabrik gab. Die Verkaufsverhandlungen gestalteten sich überaus günstig, denn der Erlös fiel noch etwas höher aus, als es unsere Kalkulation vorsah.

In der Folgezeit stellte sich leider heraus, dass der Papierhandel, weil zufallsbedingt, für uns keine Zukunft hatte. Wir wandten uns der Medienwelt zu, das heißt, wir verteilten an Privathaushalte Sonntagszeitungen. Stundenlang war man da, mit dem Fahrrad als Auslieferungsfahrzeug, in der Stadt unterwegs, musste zahllose Treppenstufen bewältigen und die Gerüche vieler Küchen ertragen, in denen Gulasch und Kohl auf dem Herd standen.

Die Erkenntnis, dass Arbeitsaufwand und Ertrag in einem Missverhältnis zueinander standen, beendete auch diesen Abschnitt unserer frühberuflichen Tätigkeit.

Mit Briefmarken in die weite Welt

„Tausche Adolf Hitler gegen Wilhelm Tell, und für die englische Königin würde ich gern dieses indische Rennpferd von dir haben" – so oder ähnlich verliefen die geschäftlichen Verhandlungen zwischen uns Briefmarkensammlern. Fast jeder, der so um die elf bis 13 Jahre alt war, sammelte damals mit Leidenschaft Briefmarken aus aller Herren Länder. Stunden konnten wir damit verbringen, die bunten und vielfach fremdartig anmutenden Papierstückchen mit warmem Wasser vorsichtig von den Briefumschlägen zu lösen, sie auf Löschpapier zu trocknen und dann in die Alben zu stecken.

50 Milliarden Mark das Stück

Glühend beneidet wurden diejenigen, deren Familien regelmäßig Post aus Übersee erhielten. „Je weiter weg, umso wertvoller" hieß die Faustregel beim Briefmarkentausch. Doch das

In schwindelerregende Höhen stieg die Geldentwertung während der Inflation in Deutschland

war eine ziemlich oberflächliche Betrachtungsweise und zeugte nicht von wahrer Sachkenntnis, wie man irgendwann zur Kenntnis nehmen musste. Denn es gab unter uns richtige Profis, die Kataloge ihr eigen nannten und damit in der Lage waren, die gehandelten Preise zu nennen. „Je älter, umso wertvoller" lautete ihr Gegen-Credo, und mit Kennermiene breiteten sie ihre Sammlungen etwa aus der Zeit der Inflation in den ersten Jahren nach dem Ersten Weltkrieg aus. Ungläubig registrierten wir, dass die Marken mit dem Aufdruck „Deutsches Reich" pro Stück mehrere Millionen oder gar Milliarden Mark (Fotos) kosteten.

Es war etwas ganz Eigenes mit diesem Hobby. Es entführte uns in ferne, exotische Länder, es eröffnete uns quasi die ganze Welt, die damals noch so weit weg war, weil von ihr noch nichts auf TV-Bildschirmen zu sehen war und weil der einsetzende Urlauber-Tourismus gerade mal bis Italien reichte. Wer fleißig sammelte – Geld gaben wir für Briefmarken nicht aus – konnte nach einigen Monaten sein kleines Album gegen ein größeres eintauschen, das man sich zum Geburtstag oder zu Weihnachten wünschte. Richtig professionell wurde die Ausstattung, wenn eine Lupe hinzukam. Dann mochte es draußen regnen, so lange es wollte, wir vertieften uns in unsere Schätze, und die Zeit blieb für uns stehen.

Wiederaufbau mit Hilfe des Marshall-Plans

Marshall-Plan hilft Westeuropa

Beunruhigt durch die wirtschaftliche Schwäche Europas, die einen Nährboden für politische Instabilität bildet, beschließen die USA im Sommer 1947 ein nach ihrem Außenminister George C. Marshall benanntes wirtschaftliches Aufbauprogramm für den Alten Kontinent. Washington bietet in erster Linie Hilfe zur Selbsthilfe an. Im April 1948 rollt der milliardenschwere Marshall-Plan an, von dem 16 Staaten profitieren. Die Sowjetunion und die osteuropäischen Länder haben eine Beteiligung abgelehnt.

Die USA liefern Lebensmittel und Rohstoffe und stellen Kredite sowie technisches Know-how zur Verfügung. Die drei westlichen Besatzungszonen Deutschlands erhalten Hilfe im Wert von rund 550 Millionen Dollar und liegen damit an vierter Stelle hinter Großbritannien, Frankreich und Italien. Zur Koordinierung der Maßnahmen wird die Organisation für europäische wirtschaftliche Zusammenarbeit (OEEC) gegründet.

Voller Saft und Kraft – und ein wenig naiv

Das 15. bis 18. Lebensjahr

Halbstarke und Jugendfehden

Mit Beginn der fünfziger Jahre kam das Schlagwort von den „Halbstarken" in Mode. So nannte man sozial unangepasste Jugendliche, die durch Geltungssucht, Kraftmeierei und Krawalle unangenehm in Erscheinung traten. Und die sich, als Banden organisiert, in den Großstädten Schlägereien mit anderen Jugend-Gangs lieferten. Im Laufe der Zeit wurde die Bedeutung des Begriffs „Halbstarker" aufgeweicht, denn so mancher Erwachsene gefiel sich darin, mit diesem Prädikat pauschal alle noch unfertigen jungen Leute zu belegen. Es war ein Ausdruck der Geringschätzung mit einem Touch von Gönnerhaftigkeit.

Uns fuchste es jedenfalls gewaltig, so tituliert zu werden. Gewiss, wir lagen den Eltern noch auf der Tasche, aber man legte sich doch mächtig ins Zeug, um bald auf eigenen Beinen stehen zu können, so dachten wir. Und unsere Fehden mit der Jugend des anderen Stadtteils oder des Nachbardorfes waren doch wirklich harmlos, so dachten wir auch. Doch leider gab es auf beiden Seiten oft blutige Köpfe, vor allem, wenn als Distanzwaffe die Zwille zum Einsatz kam. Mit dem an einer Holzgabel befestigten starken Gummiband wurden mit ziemlichem Effet kleine Steine verschossen. Das konnte im wahrsten Sinne des Wortes ins Auge gehen. Passiert ist es auch hier und da, doch bis die Zwille allgemein geächtet wurde, sollten noch Jahre vergehen.

Chronik

31. Januar 1950
US-Präsident Truman ordnet die Entwicklung der Wasserstoffbombe an. Der nukleare Rüstungswettlauf mit der UdSSR gewinnt damit eine neue Dimension.

24. Oktober 1950
Chinesische Truppen marschieren im Nachbarland Tibet ein mit der Begründung, die drei Millionen Einwohner „von der imperialistischen Unterdrückung zu befreien". Der Himalajastaat wird faktisch Teil der Volksrepublik.

12. Februar 1951
In Teheran heiratet Schah Resa Pahlevi die 18-jährige Fürstentochter Soraya, die damit Kaiserin von Persien wird. Sieben Jahre später wird die Ehe wegen Kinderlosigkeit geschieden.

6. Juni 1951
In Berlin finden die ersten Filmfestspiele statt. Der erstmals vergebene Bundesfilmpreis für den besten Film geht an „Das doppelte Lottchen" nach dem Buch von Erich Kästner.

26. Mai 1952
Mit der Unterzeichnung des Deutschlandvertrages in Bonn erlischt das Besatzungsstatut der Bundesrepublik. Die Westalliierten behalten jedoch das Recht zur Truppenstationierung.

23. Februar 1953
Die Fluchtwelle aus der DDR erreicht ihren bisherigen Höhepunkt: An einem einzigen Tag melden sich 3200 Menschen in Westberlin und bitten um Aufnahme in die Bundesrepublik.

2. Juni 1953
Als Elizabeth II. wird die 27-jährige britische Thronfolgerin zur Königin von Großbritannien und Irland gekrönt. Die Zeremonie wird erstmals live vom Fernsehen in einer Eurovisionssendung übertragen.

4. Juli 1954
Sensationell gewinnt die deutsche Fußball-Elf unter Sepp Herberger im Berner Wankdorfstadion das WM-Finale gegen den haushohen Favoriten Ungarn mit 3:2. Das Siegtor schießt Helmut Rahn.

Drei „Halbstarke" auf einem Volksfest: Soeben haben sie an der Schießbude Blumen geschossen, um sie Mädchen zu überreichen, die sie offentsichtlich bereits im Visier haben

Also gut, wir haben uns untereinander auch mal geprügelt. Doch mit einem gravierenden Unterschied zur Gegenwart: Wenn der Gegner aufgab, wurde sofort von ihm abgelassen. Das war ein ungeschriebenes Gesetz der Fairness. Ebenso war es verpönt, zu mehreren auf einen Einzelnen loszugehen.

Faszination Fußball

Sehr bald entdeckten wir eine neue Form des Kräftemessens: den Fußball. Mit der Wiederaufnahme des Spielbetriebs in Deutschland gab es das runde Leder auch wieder zu kaufen. Der Sportdress wurde allerdings noch von unseren Müttern genäht, sehr individuell nach Vorgabe. Ein weißes Trikot, eine weinrote Hose und rot-weiß geringelte Stutzen stellten beispielsweise eine gehobene Ausstattung dar. Den Torschuss trainierten wir ausdauernd an Scheunen- oder Garagentoren, meist zum Missvergnügen der Anwohner. Auf irgendeiner Wiese fanden dann Turniere der rivalisierenden Jugendgruppen statt.

Im Vertragsfußball wurde der deutsche Meister in einer Finalrunde der besten Oberliga-Klubs ermittelt. Die Bundesliga gab es noch nicht. Wenn das Endspiel angepfiffen wurde, saßen wir vor den Radioapparaten und verfolgten gebannt die Reportage der Sportjournalisten. Das waren gewiefte Schnellsprecher, mussten sie doch jeden einzelnen Spielzug wiedergeben und dazu noch kommentierende Bemerkungen einflechten. Einer der populärsten Reporter war Herbert Zimmermann. Seine emotionsgeladene Wiedergabe des Weltmeisterschafts-Finales zwischen Ungarn und Deutschland (4. Juli 1954) ging in die Rundfunk- und Sportgeschichte ein.

Volle Konzentration auf das runde Leder: Ein junger Stürmer beim Fußballspiel auf der Dorfwiese

Zu den spielstarken Fußball-Klubs der beginnenden fünfziger Jahre zählten neben den Traditionsvereinen wie Borussia Dortmund, dem 1. FC Nürnberg und dem Hamburger SV unter anderem der FC St. Pauli, Preußen Münster

und Kickers Offenbach. Der VfB Stuttgart wurde 1950 und 1952 deutscher Meister, der 1. FC Kaiserslautern 1951 und 1953. Nahm man uns Jungen einmal mit ins Stadion, standen oder saßen wir oft dicht am Spielfeldrand. Da es nirgendwo zu Ausschreitungen von Zuschauern kam, hatte man noch nicht die heutigen Absperrgitter nötig, die an Raubtierkäfige erinnern.

In kichernden Gruppen

Die Mädchen gingen zunächst noch ihre eigenen Wege – und uns aus dem Wege. So im Alter von 14 und 15 Jahren pflegten sie vielmehr Freundschaften untereinander, aktualisierten ihre Poesiealben und flanierten in kichernden Gruppen über die Straßen. Mahnungen der Eltern, sich auch außerhalb der Schule den musischen Künsten zu widmen, waren sie eher zugänglich als wir. So waren es besonders Mädchen, die in den Nachmittagsstunden der Blockflöte dünne Töne entlockten oder am Klavier die Tonleitern rauf und runter spielten. Wir ließen sie großzügig gewähren.

Eine Sonderstellung unter den Musikinstrumenten nahm die allseits beliebte Mundharmonika ein. Sie steckte auch in den Hosentaschen vieler Jungen, um sie jederzeit zur Hand zu haben. Wir bliesen sie mit Inbrunst und mit vollen Backen, solo oder in der Gruppe. So manche musikalische Begabung trat dabei zu Tage, und nicht selten landeten die virtuosen Künstler dann doch noch im Klavierzimmer. „The Echo Harp" stand schon damals auf den Mundharmonika-Schachteln eines bekannten Herstellers und aufgemalt war eine Almhütte im Hochgebirge.

das Radio, Fernsehen war noch weitgehend ein Fremdwort. Großer Beliebtheit erfreuten sich Kriminalhörspiele und Hörspielreihen wie „Die Familie Hesselbach", die man möglichst nie versäumte.

Lockende Welt des Films

Doch die Verlockungen von außen nahmen zu. Wie eine Kirmes mit Karussells und Schaustellerbuden und das Innere eines Zirkuszeltes aussahen, wussten wir inzwischen. Aber nun erreichte uns der Hauch der großen, weiten Welt in Gestalt des Films. In den Städten schossen, oft noch inmitten von Trümmerschutt, neue Kinos aus dem Boden. Gezeigt wurden vorrangig US-Produktionen mit einer Flut von Western, aber auch die deutsche Filmindustrie kam wieder in Gang.

Die ersten Filme, darunter „Das Dschungelbuch" und „Die Jungfrau von Orleans", sahen wir zusammen mit den Eltern. Die Szene mit dem Tod der Heiligen Johanna in Gestalt von Ingrid Bergmann auf dem Scheiterhaufen nahm uns stark mit, obwohl die filmische Darstellung, nach heutigen Maßstäben, recht dezent ausfiel. Ein Kino-Besuch war jedenfalls immer ein Ereignis, auch später, wenn wir unser Taschengeld zusammenkratzten und mit Geschwistern oder Freunden loszogen. Lebte man auf dem Land, wurde der weite Weg in die nächste Stadt nicht gescheut. Dabei konnten wir die Vorfreude intensiv ausleben, während der Heimweg dadurch kurzweilig wurde, dass man das Filmerlebnis ausgiebig erörterte.

UKW-Radio und Flimmerkiste

Gesteigerten Hörgenuss bringen die UKW-Radios (Foto), die auf der ersten deutschen Funkausstellung Ende August 1950 in Düsseldorf der Publikumsmagnet sind. Der Empfang von Rundfunksendungen wird damit erheblich verbessert. Die erste öffentliche Fernsehübertragung flimmert am 25. Dezember 1952 über die Bildschirme. Sie dauert allerdings nur zwei Stunden und kann an lediglich 4 000 Geräten verfolgt werden.

„Familie Hesselbach" im Radio

Am Abend hatte man gefälligst zu Hause zu bleiben. Nach dem Essen setzte sich die Familie zu gemeinsamen Brett- und Kartenspielen an den Tisch oder allgemeines Schmökern war angesagt. Wir waren nämlich damals richtige Leseratten. Karl May und andere entsprechende Jugendbücher waren erlaubt, ja erwünscht. Trivial-Literatur, womöglich Anstößiges, wurde von den wachsamen Eltern nicht geduldet. Als Informations- und Unterhaltungsmedium diente

Die große Zeit
des Heimatfilms

Während in der unmittelbaren Nachkriegszeit die deutschen Produzenten besonderen Wert auf thematisch anspruchsvolle Filme legten, begann sich das mit den fünfziger Jahren zu ändern. Das breite Publikum wurde mit dem einsetzenden Wirtschaftswunder bequemer, wollte nur noch ungern im Kino mit Problemen belästigt werden. Es begann die große Zeit des Heimatfilms, heiter-gefühlvoll im Ablauf und mit garantiertem Happy End.

Der erste deutsche Farbfilm nach 1945, „Schwarzwaldmädel" mit Sonja Ziemann und Rudolf Brack (Bild) in den Hauptrollen, lief am 7. September 1950 in mehreren Städten an. Er wurde zum Kassenschlager. Millionen strömten in die Kinos, als nach der Uraufführung des Films „Die Sünderin" am 18. Januar 1951 eine leidenschaftliche Diskussion über Moral und Anstand begann. Stein des Anstoßes war vor allem eine kurze Nacktszene mit Hildegard Knef, die eine ehemalige Prostituierte spielte.

Späte Anerkennung erlangte Helmut Käutners Farbfilm „Große Freiheit Nr. 7", der 1944 gedreht wurde, aber von den NS-Behörden wegen seiner Darstellungen im Rotlicht-Milieu nicht freigegeben wurde. Hans Albers, drei Jahrzehnte lang ein Schauspieleridol, profilierte sich darin erstmals im Charakterfach. Mit der Zunahme der deutschen Produktion füllten immer mehr neue Gesichter die Reihen der alten Filmlieblinge auf. Zu ihnen gehörten Maria Schell, Ruth Leuwerik, Romy Schneider, Ingrid Andree, O. W. Fischer, Dieter Borsche und Curt Jürgens.

Aus den USA gelangte, außer einer Unmasse von Wildwest- und Gangsterstreifen, auch eine ganze Reihe hervorragender Filme in die deutschen Kinos, wie etwa „Endstation Sehnsucht" mit Vivien Leigh und Marlon Brando, „Verdammt in alle Ewigkeit" mit Burt Lancaster und Frank Sinatra oder „Die Caine war ihr Schicksal" mit Humphrey Bogart. Künstlerisch weniger wertvoll, aber gigantisch bei Aufwand und Produktionskosten war das Monumentalepos „Quo vadis", das zur Zeit der Christenverfolgung im antiken Rom spielt. Viel Lob erntete Peter Ustinov für seine schauspielerische Leistung als Kaiser Nero (hier zusammen mit Patricia Laffan als Kaiserin Poppäa).

Siegeszug der Eisdielen

Eine weitere Stufe auf dem Weg zum Genuss-
menschen nahmen wir mit der Hinwendung
zum Speiseeis, das erst zögerlich, dann aber
schnell flächendeckend angeboten wurde.
Anfangs waren es die eher konventionellen
Erzeugnisse deutscher Cafés, die in moderaten
Mengen geschleckt wurden. Als sich jedoch
allenthalben italienische Eisdielen etablierten,
zeigte die Konsumkurve steil nach oben mit der
beklagenswerten Folge, dass unser karges
Taschengeld häufig verprasst wurde.

Einen Groschen kostete damals eine Eisku-
gel. Nur wer sich damit pro Tag begnügte, vorzugsweise jeweils nach Schulschluss, kam einigermaßen über die Runden. Ließ man sich
jedoch von deutlich besser betuchten Klassen-
kameraden dazu hinreißen, im Café eines jener
silbrigen Schälchen mit nicht weniger als drei
Eisportionen zu bestellen, stellten sich danach
Reue und Katzenjammer ein.

Er gehört zur Familie

*Der VW-Käfer wird zum Symbol des Wirtschafts-
aufschwungs in Westdeutschland*

Beginn des „Wirtschaftswunders"

Anfang der fünfziger Jahre richten sich die Menschen in den beiden Teilen Deutschlands ein –
und krempeln die Ärmel hoch. Denn obenan
steht der Wille zum Wiederaufbau und zur
Überwindung der Kriegsfolgen. Doch wegen
der gegensätzlichen Gesellschaftsordnungen
entwickeln sich unterschiedliche Lebensgrund-
lagen und Lebensstile. Damit beginnt auch die
Erosion der inneren Einheit der Nation.

Optimale Startbedingungen haben die Westdeutschen. Ausgestattet mit allen demokratischen Rechten und Freiheiten und unterstützt
von den USA, bringen sie ein dynamisches Aufbauprogramm in Gang, das in der Welt bald als
„deutsches Wirtschaftswunder" gerühmt wird.
Die Menschen sind auf das eigene Vorwärts-
kommen fixiert, weitgehend unpolitisch und
neigen ein wenig zur Spießigkeit.

Die Bürger der „Deutschen Demokratischen
Republik" haben das Unglück, nach der Dikta-
tur unter Hitler erneut unter einem autoritären
Regime leben zu müssen. Von Moskau an der
kurzen Leine geführt, bestimmt die Sozialisti-
sche Einheitspartei Deutschlands (SED) unein-
geschränkt alle staatlichen Entscheidungen. Das
hat auch fatale Folgen für die Wirtschaft der
DDR, die immer mehr hinter die der Bundesrepublik zurückfällt. Die resignierenden Ostdeut-
schen ziehen sich verstärkt in private Nischen
zurück, die man ihnen noch zubilligt. Gleichzeitig setzt eine Fluchtbewegung nach Westen
ein, die in den Folgejahren dramatisch zunimmt.

Als Geschenk ein Gesangbuch

Trotz Kino und Eis – Bescheidenheit bestimmte nach wie vor die äußeren Bedingungen unseres jungen Lebens. Das galt auch für das familiäre und verwandtschaftliche Drum und Dran bei Konfirmation und Erstkommunion. Die religiöse Bedeutung des Ereignisses stand im Vordergrund, die Geschenke waren Nebensache. Die 14-jährigen Konfirmanden wurden, obwohl vier Jahre älter als die Kommunionkinder, ebenso meist nur mit einem neuen Gesangbuch und allenfalls einer gebrauchten Uhr bedacht. Konfirmation und Erstkommunion dienten auch nicht als Bühne für modische und gesellschaftliche Selbstdarstellungen.

Durch die Massenflucht aus den ehemals deutschen Ostgebieten begann in Deutschland eine starke Vermischung der Konfessionen. Es kam zu „Einbrüchen" von Katholiken bzw. Protestanten in bisher konfessionell homogene Gebiete. Auch als Kinder und Jugendliche spürten wir das Misstrauen und die Distanzierungen, die das Verhältnis von Katholiken und Protestanten zuerst bestimmten. Freilich hatten wir untereinander kaum Probleme damit.

Gottesdienst in Schulräumen

Beim Bemühen um gegenseitige Toleranz gingen indes die Kirchen mit gutem Beispiel voran. Hatten die aus Schlesien stammenden Katholiken keine religiöse Bleibe, stellten ihnen die evangelischen Pfarrer ihre Gotteshäuser für die Messe zur Verfügung. Umgekehrt verfuhr man in den katholischen Stammgebieten. So hatten die Kirchen überall ihre Diaspora, also Gebiete mit konfessionellen Minderheiten.

Die seelsorgerische Betreuung war oft nur dadurch möglich, dass die Pfarrer per Motorrad oder Auto ihre Schäfchen aufsuchten und den Gottesdienst, wenn die Kirche der anderen Fakultät besetzt war, auch mal in einem Schulraum abhielten. Die damit verbundene räumliche Enge empfanden wir eher als positiv, weil sie das Gefühl der Zusammengehörigkeit verstärkte und eine Atmosphäre der Geborgenheit schuf.

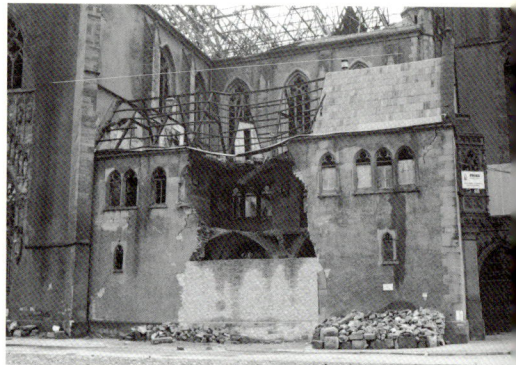

Im Bombenhagel auf die deutschen Städte wurden die meisten Kirchen beschädigt oder zerstört. Bis zu ihrem Wiederaufbau wurden vom Einsturz gefährdete Gebäudeteile durch Einzug von Stützmauern stabilisiert

Beim Kirchenbau mit angepackt

Allmählich verbesserte sich die Situation durch den Bau neuer Kirchen, wobei viele Gemeindemitglieder freiwillig und ohne Entgelt selbst Hand anlegten. Wir, die wir als mittlerweile 15- bis 16-Jährige nur zu gern bereits zu den jungen Männern gezählt sein wollten, packten auch mit an. Allerdings hatten nach wenigen Tagen Arbeitseinsatz ohne Handschuhe

Eine Besonderheit im religiösen Leben der Nachkriegszeit war das Massenapostolat des Jesuitenpaters Johannes Leppich: Er war ständig in Deutschland unterwegs und predigte auf Straßen und Plätzen. Wegen seiner kaum von Pausen unterbrochenen Sätze wurde Leppich „das Maschinengewehr Gottes" genannt

das bedauernswerte Gemeindemitglied wieder in die Gegenwart zurückgeholt hatte, erfüllte Unruhe den Kirchenraum, begleitet von teilnehmendem Volksgemurmel. Ein solcher Vorfall stellte eine nicht unwillkommene Abwechslung im Gottesdienst dar, nicht nur für uns jungen Leute.

unsere Fingerkuppen eine verdächtig rosarote Farbe angenommen: Die Haut war durch das Hantieren mit schweren Steinen fast durchgescheuert worden. Den Schmerz ertrugen wir im Bewusstsein, ein gottgefälliges Werk getan zu haben, mannhaft und ohne zu klagen.

Die Kirchen waren zu dieser Zeit rappelvoll. Für den Gottesdienst wurden auch lange Fußwege in Kauf genommen. In der Kirche sortierte man sich anfangs noch, wie bei den Altvorderen, nach Alter und Geschlecht. Der Kirchengesang stand in voller Blüte: Man kannte die Texte, und schon wer leidlich bei Stimme war, benutzte sie zum Lobe des Herrn laut und deutlich.

Bei den Katholiken herrschte das inzwischen aufgehobene Gebot, zwei Stunden vor dem Empfang der Heiligen Kommunion nichts mehr zu essen. Das führte dazu, dass manchmal während der Frühmesse ein Poltern vernehmbar wurde, dann nämlich, wenn nach längerem Knien oder Stehen der Kreislauf eines Kirchenbesuchers streikte und selbiger ohnmächtig zusammensackte. Bis man nun

Hunderte von Menschen winkten den Heimkehrern zu

Blumen für die Spätheimkehrer

Wann kommt Vater endlich aus russischer Kriegsgefangenschaft heim? 1946 hatten wir von ihm einen Brief und damit sein erstes Lebenszeichen nach der Kapitulation Deutschlands erhalten. Er wurde in einem Lager in Sibirien festgehalten und musste mit seinen Leidensgenossen täglich hinaus in die Wälder, um Bäume zu fällen und aus den Stämmen Bretter zuzuschneiden. Viele seiner Kameraden erlagen Krankheiten oder starben an Unterernährung. Die Situation besserte sich, als die Angehörigen Lebensmittel-Päckchen schicken durften.

Im Herbst 1953 hatte das bange Warten ein Ende: Vater werde mit einem der nächsten Heimkehrer-Transporte im Grenzdurchgangslager Friedland bei Göttingen eintreffen, wurde uns mitgeteilt. Selbstverständlich fuhren wir hin, um ihn abzuholen, mussten uns aber dort noch einige Tage in Geduld üben. Die Heimkehrer wurden nach ihrer tagelangen Zugfahrt durch die Sowjetunion und anschließend durch die DDR zunächst zum Zonengrenzkontrollpunkt Herleshausen nahe Eisenach gebracht. Von hier ging es dann mit Bussen und in privat organisierten Auto-Konvois weiter nach Friedland.

Während der Fahrt durch die DDR waren die Heimkehrer auf den Bahnhöfen oft das Ziel wüster Beschimpfungen durch bestellte kommunistische Demonstranten geworden, weil sie nicht im „ersten deutschen Arbeiter- und Bauernstaat" bleiben wollten. Umso befreiender wirkte auf sie der herzliche Empfang, der ihnen auf westdeutschem Boden bereitet wurde. Überall an den Straßen nach Friedland standen winkende Menschen, die Blumen und Früchte in die Busse reichten.

Vergebliche Fragen nach Vermissten

Im Durchgangslager wurden die abgehärmten Männer offiziell begrüßt, wobei auch politische Prominenz nicht fehlte. Dann kamen die Familienangehörigen zu ihrem Recht: Überglücklich schloss Mutter unseren Vater in die Arme, während wir zunächst etwas verlegen daneben standen. Neben der Freude stand auch der Kummer: Viele Frauen gingen, vergrößerte Fotos hochhaltend, durch die Reihen der ehemaligen Soldaten in der Hoffnung, etwas über den Verbleib ihrer als vermisst gemeldeten Männer oder Söhne zu erfahren. Auf ihre Fragen erfolgte meist nur ein bedauerndes Achselzucken.

Einen großen Bahnhof erlebten die Heimkehrer dann noch einmal bei der Ankunft in ihren Heimatorten. Als wir mit Vater und mehreren anderen wieder glücklich vereinten Familien auf dem Marktplatz eintrafen, hatten sich dort mehrere hundert Menschen versammelt. Der Bürgermeister hielt eine Begrüßungsrede, und der Herr Pfarrer ließ zur Feier des Tages die Glocken läuten.

Volksaufstand in der DDR

Am 17. Juni 1953 kommt es in der DDR zum Volksaufstand. Auslöser ist ein Streik der Bauarbeiter in der Ostberliner Stalinallee, die gegen die Erhöhung von Arbeitsnormen demonstrieren. Ihre Proteste werden in anderen Betrieben und anderen Städten aufgenommen und schnell werden auch politische Parolen laut. Zehntausende fordern freie Wahlen, den Rücktritt der SED-Regierung und die Freilassung der politischen Gefangenen. Sowjetische Panzer schlagen den Aufstand nieder. Über 200 Demonstranten kommen ums Leben. Massenverhaftungen und standrechtliche Erschießungen folgen.

25 Mark im ersten Lehrjahr

Unterdessen wurde es immer offenkundiger, dass die Prophezeiung, wir jungen Leute würden noch früh genug den Ernst des Lebens erfahren, keine leere Phrase war. Als erste bekamen das die zu spüren, die eine

Weniger Maschinen, dafür mehr Beschäftigte – so sah es zu unserer Zeit auch in den Metzgereien aus. Unser Bild zeigt ein Team von Gesellen und Lehrlingen beim Zerlegen von Fleischstücken

Auto-Wäsche für den Meister

Lehrstelle antraten. Von wegen 40- oder gar 38-Stunden-Woche, von wegen freier Samstag! Der Spruch „Lehrjahre sind keine Herrenjahre" hatte zu unserer Zeit noch Gewicht.

Auch Anfang der 50er Jahre war es nicht leicht, einen Ausbildungsplatz zu finden. Die Lehrherren nahmen die jungen Leute, die sich bei ihnen bewarben, genau unter die Lupe und versuchten zu erfahren, ob sie von der Veranlagung her für den jeweiligen Beruf geeignet waren. Die Auswahlkriterien waren freilich oft recht holzschnittartig, beispielsweise wenn jemand, der Elektroinstallateur werden wollte, gefragt wurde, ob er „mit dem Hammer umgehen" könne.

Heuerten wir bei einem Familienunternehmen in der Elektro-Branche an, betrug der Monatslohn im ersten Lehrjahr 25 Mark und im zweiten und dritten Jahr 35 und 45 Mark, um dann noch einmal auf 60 Mark erhöht zu werden. Damals hieß man noch „Lehrling", das Wortungetüm „Auszubildender" wurde erst viel später kreiert.

Dieser verbale Unterschied schlug sich allerdings auch in der Praxis nieder. Denn im Gegensatz zu heute konnte uns der Lehrherr jederzeit auch zu Hilfsarbeiten in Haus und Hof heranziehen, die mit der Ausbildung nichts zu tun hatten. So fand man nichts dabei, dass der Lehrling samstags das Auto des Meisters wusch und polierte. Auch in der Berufsschule wurden wir hart rangenommen; die Lehrer stammten häufig noch aus den technischen Truppenteilen der früheren Deutschen Wehrmacht.

Hatte man die Gesellenprüfung bestanden, wurde die Arbeit nicht leichter, auch wenn man sie nun selbstständig ausführen konnte. Denn es bereitete wenig Freude, an nasskalten Wintertagen in zugigen Neubauten mit Hammer und Meißel die Löcher und Kerben für die elektrischen Anschlüsse herauszuschlagen. Elektro-Bohrer standen uns noch nicht zur Verfügung. Allerdings gab es einen positiven Nebeneffekt: Unsere Arme bildeten beachtliche Muskeln und Sehnen aus, die bei einem Freibad-Aufenthalt einen guten Eindruck auf die Weiblichkeit machten.

Ein Schulhof anno 1953: Die Mädchen trugen ausschließlich Röcke oder Kleider

Nicht viel Staat machen konnte man dagegen bei den Damen im Alltag. Wenn wir im „Blaumann" und mit verschmiertem Gesicht durch die Stadt radelten, den Gipseimer am Fahrradlenker und die Kabelrolle über der Schulter, erregten wir bei den jungen Dingern nicht das geringste Interesse, so schien es uns. Das weckte bei so manchem den Ehrgeiz, die berufliche Leiter weiter nach oben zu klettern. Vonnöten war dazu eine höhere berufliche Qualifikation, und das bedeutete, erneut zu büffeln.

Und dann noch in die Abendschule

Jetzt wurde es richtig hart. Zwei Jahre lang ging es nach jedem Arbeitstag ab in die Abendschule mit dem Ziel, die „Mittlere Reife" zu erreichen. Andere strebten sogar das Abitur an. Nach Hause kamen wir erst nach 21 Uhr und sanken dann meist sofort in die Betten. Zeit zum Lernen hatten wir nur am Wochenende, aber erst ab Samstagnachmittag, weil bis 12 Uhr allgemein noch gearbeitet wurde. Die Mutter opferte viel Zeit, um uns in Diktaten mit so schwierigen Wörtern wie „Elektrizitätsunternehmen" vertraut zu machen.

Den Höhepunkt der beruflichen Weiterbildung brachte dann der Besuch der Ingenieurschule bzw. der Universität. Junge Ingenieure waren Anfang der 50er Jahre von der Industrie so begehrt, dass die Studierenden im sechsten Semester bereits Angebote von Firmen erhielten. Das beflügelte natürlich noch unsere Motivation.

Anfangs noch keine Lernmittelfreiheit

Wechselten wir von der Grundschule auf das Gymnasium, mussten die Eltern anfangs noch ein Schulgeld entrichten, und die Lehrbücher kaufte man selbst. Nur allmählich wurde die Lernmittelfreiheit in den einzelnen Ländern eingeführt.

In den so genannten Höheren Schulen kam der Ernst des Lebens in vielerlei Gestalt daher. Viele von uns verspürten jedes Frühjahr ein leises Unbehagen bis hin zu massivem Bammel, ob man denn die Versetzung in die nächst höhere Klasse schaffen werde. Alles hing vom inhaltlichen Zustand der Zeugnisse ab. Außer mit Fleiß konnte man nichts für ihre Aufbesserung tun. Es wäre damals undenkbar gewesen, mit den Lehrern um einzelne Noten zu feilschen oder dafür die Eltern zu aktivieren.

Gefürchtete „blaue Briefe"

Ausgerechnet kurz vor Weihnachten musste man mit dem gefürchteten „blauen Brief" rechnen, der im heimischen Briefkasten landete, wenn das noch nicht ausgehändigte Zeugnis einige unerfreuliche Details aufwies. „Die Versetzung Ihres Sohnes/Ihrer Tochter zu Ostern ist ernsthaft gefährdet", hieß es im schlimmsten Fall. Betrübte Blicke von Mutter, grimmige vom Vater, der eisernes Lernen während der Ferien anordnete – und die ganze Weihnachtsstimmung war zum Teufel.

Es gab indes mitfühlende Lehrer, die auch schon mal vorzeitig das Geheimnis um mögliche „blaue Briefe" lüfteten. Leiteten sie ein Schulorchester und einen Schulchor, die in der Adventszeit öffentlich auftreten sollten, waren sie gut beraten, vorher in obiger Angelegenheit Entwarnung zu geben – sofern der Sachstand es erlaubte. Erfuhren wir also, dass keiner von uns den Eingang eines solchen Briefes zu befürchten hatte, strahlten unsere Gesichter vor Erleichterung und der künstlerische Erfolg war garantiert.

Korea-Krieg löst weltweite Ängste aus

Weltweite Angst vor einem Dritten Weltkrieg kommt auf, als am 25. Juni 1950 Truppen aus dem kommunistischen Nordkorea in die westlich orientierte Republik Südkorea einmarschieren. Vor allem in Deutschland befürchtet man, dass nun auch ein sowjetischer Angriff auf Westeuropa bevorsteht.

Der Weltsicherheitsrat beschließt am 27. Juni die Bildung einer UN-Streitmacht, die unter Führung der USA an der Seite Südkoreas in den Krieg eingreift. Die alliierten Truppen treiben die Angreifer binnen weniger Monate zurück, müssen aber den Rückzug antreten, als ihnen im November rotchinesische Verbände entgegentreten. Nach wechselvollen Kämpfen endet der Krieg erst am 27. Juli 1953 mit der Unterzeichnung eines Waffenstillstandsvertrages. Nord- und Südkorea bleiben geteilt.

Straßenkreuzer mit Weißwandreifen

Waren wir nun Lehrlinge oder Schüler, gemeinsam war uns die Leidenschaft für das Auto, das wir als das Höchste aller zu erstrebenden irdischen Güter ansahen. Begonnen hatte es mit den chromglänzenden amerikanischen Straßenkreuzern, denen wir mit großen Augen folg-

Der „Hansa 1500" – noch weitgehend in Handarbeit gefertigt – hatte eine zweigeteilte Frontscheibe, weil die Wölbung über die ganze Breite noch Schwierigkeiten bereitete

ten, wenn sie mit ihren überdimensionalen Front- und Heckpartien durch die Städte schaukelten. Die Federung war so weich, dass die „Ami-Schlitten", wenn man sie stoppte, noch ein paar mal auf- und abnickten. Das hielten wir für den Gipfel gepflegter Fahrkultur, und die obligatorischen Weißwandreifen fanden wir einfach scharf. Bei den älteren Leuten lösten sie eher Spott aus, etwa wenn sie Vergleiche zu den „weißen Gamaschen von Dandys" zogen.

Schon wenige Jahre nach Kriegsende wurden auch die deutschen Autobauer wieder aktiv. Zu einer nationalen und internationalen Erfolgsgeschichte wurde der VW-Käfer, der in Wolfsburg in rasant wachsenden Stückzahlen vom Band lief – gegen Aufpreis übrigens auch mit Weißwandreifen. Bereits im Oktober 1949 stellte Carl Borgward in Bremen seinen „Borgward Hansa 1500" vor, ein Wagen in Pontonform. Im Düsseldorfer Werk der „Auto-Union" war 1952 die Produktion des DKW 3,6 in vollem Gange, und frühzeitig meldeten sich auch Mercedes, BMW, Opel und Ford auf dem Markt zurück.

Die Motorenstärken waren nach heutigen Begriffen noch sehr gering. PS-Zahlen jenseits der 50 nötigten uns Jungen schon großen Respekt ab. Wenn ein Auto „mit hundert

Sachen" auch die Steigungen nehmen konnte, war es in unseren Augen so etwas wie ein rollender Bolide. Schlaglichtartig noch diese Erinnerung: Man sah kaum einen Herrn ohne Hut am Steuer, und im Winter war es ratsam, wegen der anfangs noch unzureichenden Wagenheizung den Mantel anzubehalten.

Mit dem Schulgleiter in die Luft

Manche von uns wollten hoch hinaus, genauer, sich in die Lüfte erheben. Ihnen konnte schon in den beginnenden fünfziger Jahren geholfen werden: Hatten sie Glück, erhielten sie von Segelflieger-Klubs Einladungen zu Einführungskursen und praktischen Lehrgängen. Ein klassisches Segelflug-Dorado war und ist die Wasserkuppe in der Rhön, aber auch eine ganze Reihe kleinerer Bergregionen wie der Dörnberg bei Kassel weisen ideale Bedingungen für den vom Wind getragenen Trip in den Himmel auf. Mangel herrschte allerdings noch an Segelflugzeugen, die meisten stammten noch aus der Vorkriegszeit; und nur hier und da vorhanden waren Motorwinden und Schleppmaschinen.

Übungsflüge für Anfänger fanden daher mit so genannten Schulgleitern statt, einfach konstruierten Fluggeräten, bei denen der „Pilot" ganz vorn auf einem kleinen offenen Sitz Platz nahm. In die Luft gebracht wurde der am Heck von der „Haltemannschaft" zunächst festgehaltene Gleiter mit Hilfe zweier Gummiseile, die von der „Schleppmannschaft" in schnellem Bergab-Lauf angezogen wurden. Diese beiden jeweils rund zehn Mann umfassenden Teams wurden von den Flugschülern gebildet. Wurden Gleiter und Seile

Ein Schulgleiter vor dem Start

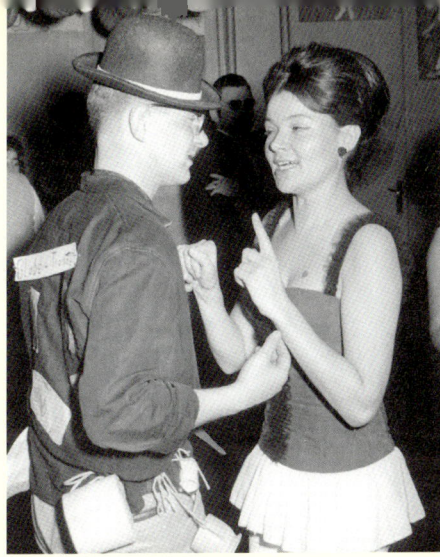

Hier wird jemand auf Distanz gehalten

gelöst und machte unser Fliegerkamerad im „Cockpit" alles richtig, waren Luftsprünge von 100 bis 500 Metern möglich.

Küsse als Gipfel der Kühnheit

Voller Saft und Kraft waren wir damals, keine Frage, wir hatten kein Übergewicht, waren dem Alkohol noch ziemlich abhold und kannten keine Drogen. Also alles bestens im Lot. Wirklich? Gibt es da nicht eine bestimmte Phase in unserer Entwicklung, die uns in gewisser Hinsicht etwas alt aussehen lässt? Weil wir noch im Alter von 16 und 17 Jahren naiv, harmlos oder verklemmt, auf jeden Fall aber reichlich schüchtern waren? Die Rede ist natürlich vom Verhältnis zum anderen Geschlecht, von der Liebe und vom Sex.

Das mit der Liebe ging schon in Ordnung, wir haben uns angeschmachtet, Briefchen geschrieben, sind „miteinander gegangen" und haben als Gipfel der Kühnheit Küsse ausgetauscht. Zu mehr kam es aber selten. Wir hielten uns brav an die Konventionen der deutschen Nachkriegsgesellschaft, der man heute Prüderie attes-

tiert. Offiziell galt, dass erst in der Ehe das große Feuer gelegt werden dürfe. Der Sex köchelte also auf kleinster Sparflamme. Ach ja, und die Pille kannte man schließlich auch noch nicht. Folgerichtig war Sex kein öffentliches Thema, nur eines für Tuschelecken. In der Schule war die Aufklärung zwar ein Unterrichtsthema, aber da ging es leider nur um die Geistesbewegung der „Aufklärung" und ihre spätere Bedeutung für die Französische Revolution.

Auf der Pirsch in der Tanzstunde

Wo konnten wir miteinander anbandeln? Jugendkneipen und Diskotheken entfielen dafür mangels Vorhandensein. Kinos, Eisdielen, Parks und das öffentliche Verkehrswesen waren zeitraubende und zufallsabhängige Pirschreviere. Da kam es uns gerade recht, dass die Eltern eines Tages meinten, nun sei es an der Zeit für den Besuch der Tanzstunde. Nicht nur, um dort die Klassiker Walzer, Tango und Foxtrott zu erlernen, sondern auch gute gesellschaftliche Umgangsformen einschließlich gehauchtem Handkuss.

*Höhepunkt beim Abschlussball
in der Tanzstunde: Die Polonaise*

Jetzt konnten wir strategisch planen und vorgehen. Üblich waren zwei getrennte Einführungsrunden für die jungen Damen und Herren, bevor der spannende Augenblick der ersten Kontaktaufnahme auf dem Parkett kam. Diesen Umstand galt es, für eine Vorab-Auswahl zu nutzen. Rein zufällig bevölkerten wir bei der Ankunft der jungen Mädchen den Eingang des Studios, taxierten verstohlen individuell bevorzugte Merkmale und schritten sodann zur internen Aufteilung der künftigen Tanzpartnerinnen.

Brillantine und weite Röcke

Dann kam der Tag, an dem wir uns in einer Reihe aufbauten, um die nebeneinander sitzenden Damen formvollendet zum Tanz zu bitten. Wir, das waren Jünglinge, die sich Schlipse umgebunden und Brillantine ins Haar geschmiert hatten; sie, das waren junge Dinger in wippenden weiten Kleidern oder Röcken. Noch verhüllten keine Hosen den Reiz gut geformter Mädchenbeine.

Artig spulten wir das Übungsprogramm ab, gewannen zunehmend Spaß an der Sache, der sich noch steigerte, als der langsame Schmusetanz Blues hinzukam.

Unsere eigentlich hinterhältigen Absprachen bezüglich der Tanzpartnerinnen hatten übrigens keinen langen Bestand. Die Signale gegenseitiger Zuneigung wiesen in ganz andere Richtungen, und hier und da funkte es sogar richtig. Für manche wurde es die große Liebe.

Und sonntags ins Tanzcafé

Mit der Fähigkeit, einen ordentlichen Tanzschritt zu vollführen, erschlossen sich uns auch auf der freien Wildbahn neue Möglichkeiten, und das auf gehobenem Niveau. Wir konnten nämlich jetzt ein Tanzcafé aufsuchen, von denen es in den großen Städten gleich mehrere gab. Frisch gebadet, schnieke angezogen und die besten Manieren hervorkehrend betraten wir, meist am Sonntagnachmittag, diese Etablissements und kamen uns dabei sehr weltmännisch vor.